Pädagogische Praxisimpulse

Band **10**

Microlearning in der ambulanten Pflege:

Anforderungs- und Bildungsbedarfs- analyse zur Entwicklung eines Konzeptes in der betrieblichen Weiterbildung

Nicola Schmidt

Reihe: Pädagogische Praxisimpulse

Herausgeber: Prof. Thomas Prescher

Bibliografische Information der Deutschen Nationalbibliothek: Die Deutsche Nationalbibliothek verzeichnet diese Publikation in der Deutschen Nationalbibliografie; detaillierte bibliografische Daten sind im Internet über dnb.dnb.de abrufbar.

Herstellung und Verlag: BoD – Books on Demand, Norderstedt

ISBN 9-783756-800988

Inhalt

Abbildungsverzeichnis

Tabellenverzeichnis

Abkürzungsverzeichnis

BBiG   Berufsbildungsgesetz

BMG   Bundesministerium für Gesundheit

DIPF   Deutsches Institut für Internationale Pädagogische Forschung

DQR   Deutscher Qualifikationsrahmen für lebenslanges Lernen

EQR   Europäischer Qualifikationsrahmen für lebenslanges Lernen

FDZ   Forschungsdatenzentrum

ICN   International Council of Nurses

IM   Instant-Massaging-Dienst

LMS   Learning Management System

MDK   Medizinischer Dienst der Krankenkassen

OK   Oberkategorie

OMW	One Minute Wonder
PDL	Pflegedienstleitung
SGB	Sozialgesetzbuch
UK	Unterkategorie
WHO	Weltgesundheitsorganisation
ZQP	Zentrum für Qualität in der Pflege

Glossar

Autopoiesis

„Selbststeuerung, Selbstorganisation lernender Systeme"
(Siebert 2019, S. 302).

Deutscher Qualifikationsrahmen für lebenslanges Lernen (DQR)

Der Deutsche Qualifikationsrahmen für lebenslanges Lernen (DQR) stellt die nationale Umsetzung des Europäischen Qualifikationsrahmens (EQR) dar, mit dem Ziel, „… Gleichwertigkeiten und Unterschiede von Qualifikationen transparenter zu machen und auf diese Weise Durchlässigkeit zu unterstützen" (DQR 2011, S. 3). Hierbei werden die „… Besonderheiten des deutschen Bildungssystems …" (ebd.) berücksichtigt.

Deutungsmuster

Jeder Mensch eignet sich im Laufe seines Lebens, bedingt durch individuelle Erfahrungen, verschiedene Deutungsmuster an. Diese „… bieten den Individuen Handlungs- und Bewertungsorientierungen, mit deren Hilfe sie auch schwierige Situationen ausdeuten können" (Bögelein & Vetter 2019, S. 14). Sie sind „strukturiert und konsistent" (ebd.) und „… entwickeln unabhängig von ihrem eigentlichen Entstehungskontext eine relative Eigenständigkeit" (ebd.).

Deutungsmuster können sich weiterentwickeln und wandeln, besitzen aber dennoch „... eine hohe situationsübergreifende Stabilität ..." (ebd.).

Ermöglichungsdidaktik

Die Ermöglichungsdidaktik beruht auf Prinzipien, wie dem der Selbstbestimmung und Selbststeuerung. Lernen findet durch einen Aneignungsprozess statt, der in der Verantwortung der Lernenden liegt. Die Lehrenden regen zum Selbstlernen an, indem sie ihre Rolle an den individuellen Bedarf der Lernenden anpassen (z. B. als Lernbegleiter/-in), aktivierende Methoden, wie eine Fallarbeit, wählen und eine lernförderliche Atmosphäre schaffen (Arnold 2014, S. VIII; Siebert 2015a, S. 34).

Erzeugungsdidaktik

Bei der Erzeugungsdidaktik wird das Wissen von den Lehrenden vermittelt. Lerninhalte und -ziele sind von außen vorgegeben (Quilling 2015, S. 2).

Kompetenzen, Kompetenzentwicklung

Kompetenzen sind laut Arnold (2010c) ganzheitlich ausgerichtet (S. 172-173). Sie umfassen neben fachlichem Wissen und Können außer- bzw. überfachliche Fähigkeiten, wie die Methoden-, Sozial- und Personalkompetenz. Sie verbinden das reine Wissen mit dem praktischen Können (Arnold 2015a, S. VI). Schlüsselqualifikationen werden ebenfalls zu diesen Fähigkeiten hinzugezählt.

Eine Kompetenzentwicklung findet dann statt, wenn neue Fähigkeiten erworben werden, welche dazu beitragen, Aufgaben selbstgesteuert zu bewältigen (ebd.).

Lebenslanges Lernen

„Die Vision des lebenslangen Lernens baut darauf auf, dass die Menschen die Kompetenz erwerben, eigenständig über ihre Lebensspanne hinweg zu lernen. Sie umfasst damit alle Gelegenheiten zum Lernen: in Seminaren, mit E-Learning, am Arbeitsplatz oder in Projekten, ein Leben lang" (Erpenbeck & Sauter 2010a, S. 11).

Lebenswelt

Unter Lebenswelt wird das persönliche Umfeld, in welchem ein Mensch lebt, verstanden.

Metakognition

Metakognition bedeutet die Selbstreflexion über das eigene Denken. Dieses, sowie das individuelle Lernverhalten und das Handeln zu hinterfragen, spielt im Rahmen des lebenslangen Lernens eine wichtige Rolle (Arnold 2014, S. VII).

Selbststeuerung, selbstgesteuertes Lernen

Selbstgesteuertes Lernen verläuft prozesshaft und beinhaltet die eigenverantwortliche Bestimmung und Formulierung von Lernbedürfnissen und -zielen, die Identifikation von Ressourcen, die Auswahl und die Anwendung geeigneter Lernstrategien sowie die Bewertung von Lernergebnissen (Knowles 1975 zit. n. Arnold 2010d, S. 264).

Teilnehmerorientierung

Teilnehmerorientierung, als ein wichtiges Prinzip der Erwachsenenbildung, bedeutet „…eine Passung von Lernanforderungen und Teilnehmervoraussetzungen" (Tietgens 1980, S. 216). Die Subjektivität der Teilnehmenden wird in die Planung und Durchführung von Veranstaltungen in der Erwachsenenbildung mit einbezogen, was wiederrum ein Anschlusslernen ermöglicht (Siebert 2019, S. 119).

1 Einleitung

Durch Globalisierungsprozesse und dem demographischen Wandel sowie die rasanten technologischen und medizinischen Fortschritte ist die Gesellschaft einem stetigen Wandel unterworfen (Mittnacht 2009, S. 15).

Mit Zunahme der Lebenserwartung und dem in Konsequenz wachsenden Anteil älterer Menschen sowie der Ausbreitung chronischer und multimorbider Erkrankungen, steigen neben dem Grad der Pflegebedürftigkeit auch die Anforderungen für Pflegende im Setting der ambulanten Pflege (Idler 2020, S. 49; bpb 2020; Kuhlmey 2009, S. 293). Hinzu kommt der Personalmangel in der Pflege. Zwar haben sich in den letzten Jahren immer mehr Pflegende für eine Arbeit im ambulanten Bereich entschieden; es konnte ein Zuwachs um 8,4% Vollzeitäquivalente festgestellt werden; allerdings ist diese Zunahme im Verhältnis zum Anstieg der Pflegebedürftigen (+ 18,4%) gering[1] (Destatis 2020, S. 13).

Dem gegenüber stehen die hohen Qualitätsanforderungen des Medizinischen Dienstes der Krankenkassen (MDK) (GKV-Spitzenverband 2015, S. 9) und nicht zuletzt der, vom Bundesministerium für Gesundheit (BMG) postulierte, „Anspruch auf gute Pflege" (BMG 2021, S. 127).

---

[1] Zu beachten gilt, dass die vorliegenden Zahlen als unsicher zu betrachten sind, da es durch die Einführung des neuen Pflegebedürftigkeitsbegriffes im Jahr 2019 zu Verfälschungen kommt.

Eine Möglichkeit der zunehmenden Komplexität im Pflegealltag und den damit verbundenen Anforderungen gerecht zu werden liegt in der kontinuierlichen Weiterbildung im Rahmen des lebenslangen Lernens, mit dem Ziel, „… eine qualitativ hochwertige pflegerische Versorgung durch … Kompetenzentwicklung zu gewährleisten" (Krüger et al. 2021, S. 23).

Die These der „Halbwertszeit des Wissens" (Helmrich & Leppelmeier 2020, S. 5) verfügt zwar über keine empirische Grundlage und der, oft mit Globalisierungsprozessen und Digitalisierung (z. B. Industrie 4.0[2]) in Zusammenhang gebrachte, Wissensverfall bezieht sich eher auf die Endlichkeit der Menschen (Helmrich & Leppelmeier 2020, S. 13–14); dennoch lässt sich beobachten, dass „… das in einer beruflichen Erstausbildung erworbene Wissen häufig nur noch die Grundlage für den Einstieg in den Arbeitsmarkt darstellt und dabei erworbenes Wissen nicht mehr für ein ganzes Berufsleben ausreicht …" (Bretschneider 2006, S. 4). Neue medizinische und pflegerische Erkenntnisse machen ein kontinuierliches Weiterlernen, über die bereits erworbenen Kenntnisse, Fähig- und Fertigkeiten hinaus, erforderlich (Lipusch 2010, S. 28; Eppler et al. 2019, S. 642).

---

[2] Unter Industrie 4.0 wird „… die intelligente Vernetzung von Maschinen und Abläufen in der Industrie mit Hilfe von Informations- und Kommunikationstechnologie" (BMWi & BMBF 2021) verstanden.

Der Besuch von institutionalisierten Fort- und Weiterbildungen benötigt neben Motivation jedoch v. a. eines: Zeit. Zeit, welche Pflegende, aufgrund zunehmender Arbeitsdichte bei gleichzeitigem Personalmangel, nicht haben. Dennoch gilt es, eine Verschlechterung der Pflegequalität zu verhindern.

Ein Ansatzpunkt, um ein Weiterlernen trotz Zeitmangel zu ermöglichen, ist es, Lernen dorthin zu verlegen, wo sich die Pflegenden größtenteils aufhalten: an ihren Arbeitsplatz. Doch selbst wenn die Fort- und Weiterbildungen vor Ort angeboten werden, finden diese häufig zu Beginn oder am Ende der Arbeitszeit statt, da eine längere Abwesenheit im Dienst nicht möglich ist. Dabei ist fraglich, inwieweit Pflegende vor und nach der Arbeit motiviert, konzentriert und aufnahmefähig für die Aneignung neuer Lerninhalte sind (Spitz-Köberich 2018, S. 12).

Ein Lernformat, welches sich dieser Herausforderung stellt, ist das sogenannte Microlearning. Hierbei sind klar abgegrenzte Lerninhalte so aufbereitet, dass diese von den Lernenden – unabhängig von Ort und Zeit, oftmals digital – innerhalb kürzester Zeit angeeignet werden können (Ettl-Huber 2020, S. 11–12).

1.1 Problemstellung und Ausgangslage

Das ursprünglich aus England stammende Lernformat Microlearning ist bereits seit einigen Jahren in Deutschland verbreitet. Die erste Konferenz im deutschsprachigen Raum zum Thema fand 2005 in Innsbruck statt (Siepmann 2021, S. 13). Dementsprechend wird das Lernformat bereits in vielen Branchen angewendet. So auch in der Pflege (Robes 2009, S. 5). Ein Beispiel aus dem Bereich der Akutpflege ist das One Minute Wonder, welches einer „niederschwelligen Wissensvermittlung" (Eppler et al. 2019, S. 642) zur sinnvollen Nutzung von Wartezeiten dient. Aufgrund der dünnen Studienlage ist allerdings davon auszugehen, dass dieser Trend im Bereich der ambulanten Pflege noch nicht angekommen zu sein scheint. Dabei lässt v. a. dieses Setting, aufgrund der hohen Eigenverantwortung und den benötigten fachlichen Kenntnissen, vermuten, ein geeignetes Einsatzfeld für Microlearning zu sein (Bleses & Jahns 2016, S. 133).

Laut der Benchmarking Studie 2021 stellen „… kurze und attraktive Lerneinheiten heute ein Muss" (Siepmann 2021, S. 12) dar. Microlearning wird somit häufig als hilfreiches Lernformat suggeriert. Jedoch stellt sich die Frage, inwieweit diese Art von Lernen den Anforderungen und Bildungsbedarfen der Pflegenden im ambulanten Bereich, unter den vorherrschenden Rahmenbedingungen, gerecht werden kann (Baumgartner 2014, S. 20; Rensing & Després 2018, S. 1; Lorenz 2010, S. 1).

Diese Anforderungen und Bedarfe zu eruieren und mit dem ‚Können' von Microlearning abzugleichen, stellt die hier zu untersuchende Forschungslücke dar.

1.2 Zielsetzung, Gegenstand und theoretischer Rahmen der Arbeit

Das Ziel der vorliegenden Arbeit ist es, zu analysieren, inwieweit Microlearning den Anforderungen und Bildungsbedarfen von Pflegenden im Rahmen der betrieblichen Weiterbildung im Setting der ambulanten Pflege gerecht werden kann und welche Bildungsbedarfe durch dieses Lernformat wie gedeckt bzw. adressiert werden können.

Im Vordergrund der Arbeit stehen die

1. Identifikation der Bildungsbedarfe, welche durch Microlearning gedeckt und der Adressaten, welche durch dieses Lernformat angesprochen werden;
2. Analyse der Anforderungen und Bildungsbedarfe der Pflegenden in der ambulanten Pflege;
3. Überprüfung, inwieweit das Lernformat Microlearning die Bildungsbedarfe von Pflegenden im Setting der ambulanten Pflege deckt und inwiefern eine Umsetzung möglich und v. a. sinnvoll erscheint.

1.3 Forschungsleitende Fragestellungen

Die entsprechenden forschungsleitenden Fragestellungen lauten daher:

1. Welche Bildungsbedarfe können mit Microlearning wie gedeckt bzw. adressiert werden?
2. Welche Anforderungen und Bildungsbedarfe bestehen für Pflegende im Setting der ambulanten Pflege?
3. Inwieweit wird Microlearning diesen Anforderungen und Bildungsbedarfen gerecht?

Die Forschungsfragen sind, im Sinne eines qualitativen Vorgehens, offen formuliert (Döring & Bortz 2016c, S. 26). In der Zielsetzung und den forschungsleitenden Fragestellungen wird bewusst auf den allgemeinen Begriff der ‚Pflegenden' und ‚Pflegepersonen' zurückgegriffen, da in der ambulanten Pflege viele unterschiedliche Berufsgruppen vertreten sind, wie bspw. Gesundheits- und Krankenpfleger/-innen, Altenpflegehelfer/-innen, Heilerziehungspfleger/-innen (Destatis 2020, S. 39).

In der Arbeit sollen alle Berufsgruppen Berücksichtigung finden, welche in der ambulanten Pflege einen Dienst direkt am zu pflegenden Menschen (bspw. Körperpflege, Injektionen, ...) durchführen und in einem Pflegedienst angestellt sind. Ausgeschlossen davon sind somit pflegende Angehörige und 24-Stunden-Pflegende.

1.4 Methodische und inhaltliche Vorgehensweise

Bei der vorliegenden Arbeit handelt es sich um eine qualitative Einzelfallanalyse. Dieses Vorgehen wurde gewählt, da der Fokus auf der Ermittlung individueller Anforderungen und Bildungsbedarfe von Pflegenden in einem ambulanten Pflegedienst liegt. „Eine qualitative Einzelfallstudie [ist] keine Methode im strengen Sinne, sondern ein Verfahren, in welchem verschiedene Methoden kombiniert werden" (Brüsemeister 2008, S. 50). Es werden, im Gegensatz zu einer Methode, keine Regeln bzgl. Datenerhebung oder -auswertung vorgegeben (ebd., S. 80).

Neben der „... Erfassung subjektiver Einschätzungen, Deutungsmuster und Handlungsorientierungen unter Berücksichtigung der situationsspezifischen Kontextbedingungen" (Hardes & Gieg 2005/2006, S. 1) zeichnet sich dieses Verfahren durch die „Ermittlung individueller Perspektiven" (ebd.) aus. Im Vordergrund der Einzelfallanalyse steht das Erkenntnisinteresse. Welche Daten verwendet werden – standardisiert oder nicht-standardisiert – hängt davon ab, welche am relevantesten für den „Gewinn des Tiefenverständnis des Falles" (Hering & Jungmann 2019, S. 624) sind.

Zu Beginn der Analyse steht das „... motivierte... Interesse an einer heuristisch abgegrenzten Untersuchungseinheit ..." (Hering & Jungmann 2019, S. 619). Diese gilt es im weiteren Prozess der Forschung zu verstehen und mit all ihren Ausprägungen zu erklären. Dabei ist es im Sinne der Einzelfallanalyse, die gegebenen Rahmenbedingungen, also bspw. die zeitlichen und örtlichen Gegebenheiten in der ambulanten Pflege, zu berücksichtigen. Sie „… liegen … explizit im Erkenntnisinteresse des Vorhabens" (ebd.).

Um einen Gesamtüberblick über das Thema Microlearning zu erlangen wurde zu Beginn eine Literaturrecherche durchgeführt. Hierfür wurde u. a. in Wissenschaftsverlagen (z. B. SpringerLink), Online-Portalen (wie peDOCS), Literaturdatenbanken (bspw. Deutsches Institut für Erwachsenenbildung (DIE)) und Bibliotheken recherchiert.

In Phase 1 des Forschungsablaufes wurde mithilfe der Literaturrecherche eine Themenwahl getroffen (Microlearning in der betrieblichen Weiterbildung), das Thema weiter eingegrenzt (Setting ambulante Pflege) und Forschungsfragen abgeleitet. Anschließend wurde der theoretische Rahmen festgelegt und dargestellt (siehe Abbildung 1).

Aufgrund des Forschungsgegenstandes und zur Beantwortung der Forschungsfragen wurde als methodische Vorgehensweise die qualitative Inhaltsanalyse nach Mayring, auf Basis von Leitfadeninterviews mit Pflegenden aus einem ambulanten Pflegedienst, zur Ermittlung der

individuellen Anforderungen und Bildungsbedarfe gewählt.

Bei diesem Vorgehen, welches sich "an der Grenze zur
quantitativen Sozialforschung" (Vogt & Werner 2014, S.
10) befindet, wird das Forschungsproblem vor dessen
theoretischen Hintergrund beleuchtet (siehe Kapitel 2).
Demzufolge wird in Kapitel 2.1 darauf eingegangen, an
welchen erwachsenenbildungspädagogischen Prinzipien
sich das Lernformat Microlearning ausrichtet.

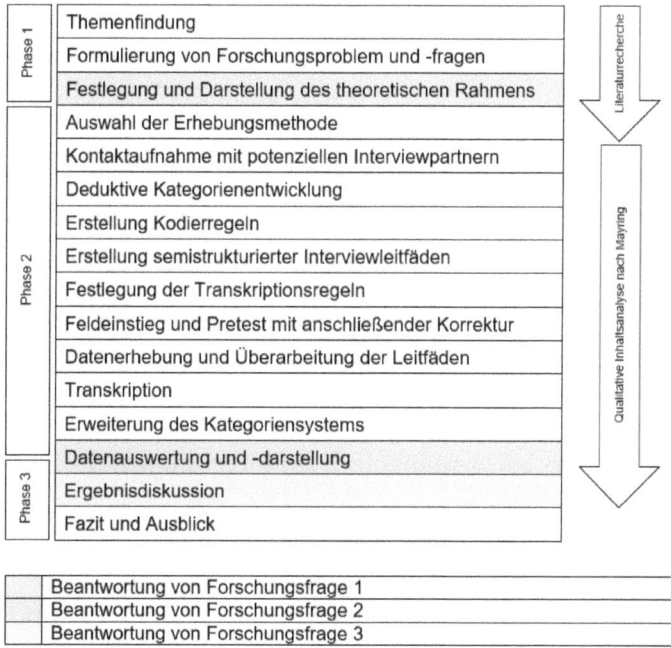

Abbildung 1: Forschungsablauf (eigene Darstellung)

In Kapitel 2.2 geht es um Microlearning im Rahmen der
beruflichen und betrieblichen Weiterbildung. Es wird er-

läutert inwieweit Microlearning, aus Sicht der bereits bestehenden Literatur, zur Kompetenzentwicklung am Arbeitsplatz beitragen (Kapitel 2.2.1) und an welchen Stellen Microlearning im Rahmen von Social Blended und Workplace Learning eingesetzt werden kann (Kapitel 2.2.2). Kapitel 2.2.3 bezieht sich auf Microlearning im Rahmen von formalem, non-formalem und informellem Lernen. Hier wird u. a. auf das 70-20-10-Modell und die Wichtigkeit informeller Lernprozesse eingegangen.

In Kapitel 2.3 folgt die Betrachtung analoger und digitaler Microlearning-Formate, sowie ein Beispiel für die Umsetzung in der Pflege.

Nach Festlegung und Erörterung des theoretischen Rahmens folgt im Zwischenfazit in Kapitel 2.4 die Beantwortung der Forschungsfrage, bei welcher die Bildungsbedarfe, welche durch Microlearning wie gedeckt werden können, zusammenfassend dargestellt werden.

Anschließend wird der Anforderungs- und Bildungsbedarf der Pflegenden im ambulanten Bereich, abgeleitet aus gesetzlichen Bestimmungen und dem Arbeitsalltag, beschrieben.

Kapitel 4 leitet Phase 2 des Forschungsablaufes ein und befasst sich mit der Methodik der empirischen Untersuchung. Die individuellen Bildungsbedarfe der Pflegenden werden mithilfe von Leitfadeninterviews erhoben. Die Struktur der Interviewleitfäden der Pflege- und Leitungspersonen ergibt sich aus einer deduktiven Kategoriende-finition, welche auf theoretischer Basis stattfindet (May-ring 2015, S. 85).

Es werden die Datenerhebung (Kapitel 4.1), -aufbereitung (Kapitel 4.2) und -auswertung (Kapitel 4.3) beschrieben. Hierbei werden bspw. der Feldzugang und die Festlegung der Stichprobe, sowie der Aufbau der Interviewleitfäden, erläutert. Die Inhalte der Interviews werden mittels Audio-dateien festgehalten, transkribiert und anschließend, mit-tels der inhaltlich strukturierten qualitativen Inhaltsanalyse nach Mayring, ausgewertet. Die Gütekriterien finden hier-bei Berücksichtigung (Kapitel 4.4).

„Gefordert wird im Sinne der Wissenschaftlichkeit ... eine genaue Reflexion und Dokumentation der subjektiven Perspektiven der Forschenden und ihrer Einflüsse" (Dö-ring & Bortz 2016d, S. 70). Dieser Forderung wird mit Kapitel 4.5 nachgekommen.

Es folgt die Ergebnisdarstellung, also die Vorstellung der Resultate der Interviews mit Ankerbeispielen (Kapitel 5).

Nach der Identifikation der Anforderungen und Bildungs-bedarfe von Pflegenden im ambulanten Bereich soll in Kapitel 6, der Ergebnisdiskussion, geklärt werden, inwie-weit das Lernformat Microlearning den ermittelten Anfor-derungen und Bildungsbedarfen gerecht werden kann (Phase 3).

Kapitel 7 schließt mit einem Fazit über die vorherigen Erkenntnisse und Überlegungen.

Die gewählte Methode, die qualitative Inhaltsanalyse nach Mayring, zeichnet sich neben einem regelgeleiteten Vorgehen durch „… die Theoriegeleitetheit der Interpretation aus" (Mayring 2015, S. 59), was zur Notwendigkeit der Darstellung des theoretischen Hintergrunds von Microlearning führt.

2 Microlearning in der betrieblichen Weiterbildung – Theoretischer Hintergrund

Laut der Trendstudie mmb learning Delphi 2019/2020, bei welcher 61 E-Learning Fachpersonen aus Deutschland, Österreich und der Schweiz befragt wurden, zählt Microlearning mit 92% zu einer der wichtigsten Lernformen in der Zukunft (mmb Institut 2020, S. 7; Hasenbein 2020, S. 67–68). Die Benchmarking Studie 2021 legt zudem offen, dass in 51% der dort befragten Unternehmen Microlearning eingesetzt wird und bei fast 30% der Einsatz geplant ist (Siepmann 2021, S. 13). Das Thema Blended Learning wird in der Trendstudie mmb learning Delphi mit 90% ebenfalls hoch bewertet und scheint auch zukünftig eine zentrale Rolle im Rahmen des lebenslangen Lernens zu spielen (Hasenbein 2020, S. 67–68).

Der Frage, welchen Stellenwert Microlearning im Rahmen der Erwachsenenbildung einnimmt und wo es sich, in Bezug auf die betriebliche Weiterbildung, verorten lässt, wird in den folgenden Kapiteln nachgegangen. Hierzu werden in Kapitel 2.1 die erwachsenenpädagogischen Elemente von Microlearning vorgestellt. Es folgt eine Erläuterung, inwieweit dieses Lernformat der beruflichen Kompetenzentwicklung dienen kann. Anschließend wird das Thema Blended Learning im Rahmen der betrieblichen und beruflichen Weiterbildung im Zusammenhang mit Microlearning aufgegriffen.

Das Potential von Microlearning „… zur Überbrückung formeller, nicht-formeller und informeller Lernkontexte …" (Hug 2018, S. 335) wird in Kapitel 2.2.3 erörtert, bevor verschiedene Formatarten, analoger und digitaler Natur, sowie ein konkretes Beispiel für die Umsetzung von Microlearning in der Pflege, vorgestellt werden.

Kapitel 2.4 schließt mit einem Zwischenfazit.

2.1 Microlearning in der Erwachsenenbildung

Werden die Studien rund um das Thema Microlearning näher betrachtet, fällt auf, dass es keine einheitliche Definition für Microlearning zu geben scheint und in der Literatur vielerlei Begriffe kursieren, welche synonym verwendet werden. Hierzu zählen Wörter wie bite-sized learning, Wissenshappen, Lernhäppchen oder Learning-

Nuggets (ArgenturQ 2019, S. 5; Robes 2009, S. 2). Zudem variieren die Schreibweisen von Microlearning, über Micro-Learning bis hin zum deutschen Wort Mikrolernen (Ettl-Huber 2020, S. 11). Doch trotz aller Unterschiede gibt es übereinstimmende Komponenten.

Eine Gemeinsamkeit, welche sich aus den Definitionen herauskristallisieren lässt, ist die zeitliche Begrenztheit der Lerneinheiten. So spricht Müssig (2020a) davon, dass Microlearning „... aus kurzen, in sich abgeschlossenen Lerneinheiten ..." (S. 40) besteht. Torgerson (2016) wird noch präziser und limitiert die Zeitdauer auf „maximal fünf Minuten" (S. 41). Dem widersprechen Rensing & Després (2018), indem sie eine Zeitspanne von „rund fünf bis zehn Minuten Lernzeit" (S. 1) angeben. Robes (2009) spricht gar von einer Länge von bis zu 15 Minuten (S. 7), während Cardoz (2019) zu dem pragmatischen Entschluss kommt, dass „... Microlearning ... genau so lang sein [sollte], wie es sein muss" (S. 7).

Ein Blick auf das menschliche Gehirn, speziell auf das Gedächtnis, zeigt, dass es durchaus sinnvoll ist, Lerneinheiten möglichst kurz zu gestalten, da nach ca. 20 Minuten die Leistung der Neuronen abflacht, wobei das höchste Energielevel innerhalb der ersten acht Minuten des Lernens verzeichnet werden kann (Cardoz 2019, S. 5). Doch nicht nur die Leistung der Neuronen spielt beim

Lernen Erwachsener eine Rolle, sondern auch die Größe des Neuronennetzwerkes (Siebert 2015b, S. 12).

Das Lernen im Alter ist strukturdeterminiert; abhängig von den neuronalen Verknüpfungen. Eine Aneignung von Wissen findet bei Erwachsenen dann statt, wenn es an bereits vorhandene kognitive Strukturen anknüpfen kann (Siebert 2019, S. 60). „Die Binnenstrukturiertheit des Erwachsenen ... ist [dabei etwas], das sich biographisch aufschichtet, herauskristallisiert und verfestigt" (Arnold 2010b, S. 92–93).

Die Verschaltung von Nervenzellen, welche die Grundlage für die Entwicklung „... biografisch relevante[r] Handlungskonzepte und Orientierungen" (Siebert 2015b, S. 6) darstellt, beginnt also bereits in der Kindheit; „... das Gedächtnis ist biographisch verankert..." (Siebert 2019, S. 60). Doch auch wenn Kleinkinder mehr Neuronen besitzen als Erwachsene, verfügen letztere über ein größeres Neuronennetzwerk, welches u. a. entscheidend für die Kompetenzbildung ist (ebd., S. 12). Jede einzelne Erfahrung trägt kontinuierlich zur Erweiterung des Netzwerkes bei, weshalb dieses mit zunehmendem Alter wächst (ebd., S. 6).

Das Lernen im Erwachsenenalter wird beeinflusst durch die aktuelle Situation, persönliche Umstände, soziale Eingebundenheiten und durch das bestehende Repertoire an Kompetenzen. Zudem durch lebensgeschichtlich erworbene Lernstrategien, sowie Emotions- und Deutungsmuster (Arnold 2015b, S. V, 95). Diese Muster und Strategien werden als veränderbar angesehen, doch sind es stets die Lernenden selbst, die diese Veränderungen vornehmen „… in einer Art und Weise, die es ihnen erlaubt, ihre Identität fortzuschreiben …" (Arnold 2014, S. 35). Durch äußere Impulse kann demnach zwar eine Pertubation, also Irritation, der Lernenden als selbstreferentiell geschlossene Systeme, ausgelöst und diese somit zum Nachdenken angestoßen werden. Allerdings ist Lehren keineswegs eine notwendige Voraussetzung von Lernen. Gelernt wird vielmehr das, was im jeweiligen Kontext und für das eigene System relevant, passend und biografisch anschlussfähig erscheint (Arnold 2015a, 98, 113). Lernen im Erwachsenenalter ist somit eng an das Vorwissen und bisherige Erfahrungen geknüpft; dementsprechend ein Erfahrungs- und Anschlusslernen (Siebert 2019, S. 60; Arnold 2015b, S. 95).

Microlearning schließt an diese erwachsenpädagogische Erkenntnis an, indem Lerninhalte so gestaltet werden, dass einzelne Wissens- und Übungselemente modularisiert aufeinander aufbauen (Sauter & Sauter 2013, S. 162). Gleichzeitig besteht die Möglichkeit, dass sich die Lernenden selbst an der Erstellung des Microcontents, auf Grundlage ihres Erfahrungswissens, beteiligen (ArgenturQ 2019, S. 8; Sauter & Sauter 2013, S. 117). Mit

Microcontent sind „kurze inhaltliche Beiträge im Rahmen des Micro-Learning" (Erpenbeck & Sauter 2013, S. 217) gemeint. Diese zeichnen sich durch eine inhaltliche Geschlossenheit aus. Sie sind strukturiert und haben einen klaren Fokus (Ettl-Huber 2020, S. 11–12; Müssig 2020a, S. 41). Bei Microcontent handelt es sich „... um die kleinste Sinneinheit, die nicht ohne Bedeutungsverlust gekürzt werden kann" (Robes 2009, S. 5). Ein Merkmal von Microlearning ist somit die Unteilbarkeit des Inhalts. Die Lerneinheiten enthalten alle Informationen, um sie selbstständig, ohne weitere Erklärungen, zu verstehen (ebd.).

Ein Anknüpfen an Vorwissen wird zudem dadurch erleichtert, dass sich die Lerneinheiten beliebig oft wiederholen lassen (Baldwin 2020, S. 62). Ein solcher, auf Wiederholungen basierender, Lernprozess wird als ‚Spaced Learning' bezeichnet (Kärchner-Ober o. J., S. 37). Hierbei wird davon ausgegangen, dass sich Informationen besser im Gedächtnis verankern, wenn das Wissen regelmäßig repetiert und angewendet wird.

Diese Erkenntnis ist eng mit der Vergessenskurve nach Ebbinghaus verknüpft, die besagt, dass, je seltener Wissen oder Kompetenzen angewendet werden, desto eher diese vergessen werden. Die Ergebnisse aus Ebbinghaus' Studie (1885) verdeutlichen, dass nach 20 Minuten bereits ca. 40% des Erlernten vergessen wurde und sich die Lernenden nach einer Woche an weniger als ein Viertel des Lerninhaltes erinnern können (Kärchner-Ober o. J., S. 36).

Ein kontinuierliches Wiederholen der Lerninhalte, bspw. in Form von Microlearning, kann die Vergessenskurve zum Positiven verändern kann, indem hierdurch der Spacing Effekt[3], und die damit verbundene nachhaltige Speicherung von Informationen im Gedächtnis, unterstützt wird (Glahn & Gruber 2019, S. 239). „By developing smaller clear exercises and giving needed pauses, the neurotransmitter breakdown-uptake-production cascade can function without being depleted - bypassing severe cognitive decline" (Shail 2019, S. 8).

Laut der systemisch-konstruktivistischen Didaktik folgt das Lernen Erwachsener „... den Mechanismen der Konstruktion der Wirklichkeit" (Arnold 2014, S. 36). Es besteht die Annahme, dass die Handlungsmuster Erwachsener nur durch sie selbst veränderbar sind, was bedeutet, dass Wissen und Kompetenzen nicht vermittelt, jedoch angeeignet werden können. Erwachsene sind dementsprechend „... lernfähig, aber unbelehrbar ..." (Siebert 2019, S. 35).

Die sogenannte Ermöglichungsdidaktik bezieht sich auf Erkenntnisse der Neuro- und Kognitionswissenschaft,

---

[3] Als Spacing Effekt wird eine „höhere Behaltensleistung durch zeitlich verteiltes wiederholtes Abrufen von Gedächtnisinhalten" (Branwen 2017 zit. n. Quibeldey-Cirkel 2018, S. 813) bezeichnet.

welche die Aussage über die Unbelehrbarkeit stützen und davon ausgehen, dass Menschen im Lernen ihrer „... eigenen, biographisch-systemischen Logik" (Arnold 2012, S. 46) folgen (Quilling 2015, S. 3; Schüßler & Kilian 2017, S. 90). Sie steht im Gegensatz zur langen Zeit verbreiteten Erzeugungsdidaktik, in welcher davon ausgegangen wurde, dass der Wissenserwerb der Lernenden durch Belehren erfolgt.

Die Ermöglichungsdidaktik schließt eine Vermittlung von Wissen, Fähig- und Fertigkeiten dennoch nicht prinzipiell aus. Sie erkennt jedoch „... die zwei Seiten und die Zirkularität der Vermittlung" an (Arnold 2014, S. 8). Ermöglichungsdidaktik berücksichtigt, dass „Menschen als autopoietische, selbstreferenzielle »Systeme« ... nur [lernen] ..., was »anschlussfähig« ist, was ihnen relevant und viabel erscheint" (Siebert 2019, S. 126). Ein Lernen nach ermöglichungsdidaktischen Prinzipien wird als besonders nachhaltig angesehen, da es „... den Lernenden die Möglichkeit gibt, aktiv, selbst organisiert bzw. selbst gesteuert, konstruktiv und situiert ... eigene Lernprozesse zu realisieren" (Schüßler & Kilian 2017, S. 83).

Die Herausforderung von Microlearning liegt, unter Berücksichtigung der beschriebenen Erkenntnisse, darin, die Lernenden aus sich selbst heraus zu motivieren, da die Aneignungsbewegung lediglich ermöglicht, aber nicht erzwungen werden kann (Arnold 2012, S. 46; Arnold &

Schön 2019, S. 101). Aus diesem Grund stellen Anbieter von Microlearning eine Vielzahl an Lerninhalten zur Verfügung, welche didaktisch unterschiedlich aufbereitet sind, bspw. als Videos, kurze Texte oder als Lernspiel (Hasenbein 2020, S. 74–75). So können die Lernenden nach eigenem Interesse auswählen, eine Über- oder Unterforderung vermeiden, an ihr vorhandenes Vorwissen anknüpfen und somit ihre Lernmotivation steigern (Petermandl 2014, S. 24).

Besonders herausfordernd ist die selbstorganisierte Aneignung von Lerninhalten für lernentwöhnte Erwachsene (Severing 2014, S. 49). Der Grund hierfür liegt im „... hohen Grad an Eigenverantwortung ..." (Sauter & Sauter 2013, S. 14) der Lernenden, welcher für eine selbstorganisierte Kompetenzentwicklung notwendig ist. Die Lehrenden haben hierbei, je nach Bedarf, die Funktion der Lernbegleitung und -beratung und sind für die Schaffung lernförderlicher Rahmenbedingungen und für die „Anregung zur Selbststeuerung" (Arnold 2014, S. 32) zuständig (Quilling 2015, S. 7).

Microlearning, welches den erwachsenpädagogischen Prinzipien, wie der Selbststeuerung folgt, hat u. a. den Vorteil eines orts- und zeitunabhängigen Lernens. Die Inhalte können selbst eingeteilt und abhängig von der jeweiligen Motivation angeeignet werden (Hasenbein

2020, S. 72). Die Lernenden legen die Ziele, Inhalte und Methoden eigenmächtig fest oder können bei der Wahl zumindest mitbestimmen (Arnold 2014, S. VIII). Sie sind selbst für die Zielerreichung verantwortlich, indem sie eigenständig Informationen recherchieren und bewerten. Bildungsexperten/-innen nehmen bei der Themenauseinandersetzung, je nach Bedarf, eine begleitende Funktion ein. Die Lernenden haben zudem die Möglichkeit eigenen Content zu gestalten und damit zum Informationsfluss beizutragen (Robes 2009, S. 2, 6).

Ein weiteres didaktisches Prinzip der Erwachsenenbildung, welches im Lernformat des Microlearning indirekt Berücksichtigung findet, ist die Metakognition. Bei Metakognition handelt es sich um ein „Denken über das Denken" (Arnold 2014, S. VII) und, in Bezug auf das Lernen, um eine Selbstreflexion der eigenen Lernroutinen (ebd., S. 27).

Damit die Lernenden jedoch überhaupt wissen, ob ihre bisherigen Lernstrategien erfolgreich waren und ihr Lernen nachhaltig ist, müssen sie ein Feedback über das Erlernte erhalten. Baumgartner (2014) spricht in diesem Zusammenhang, bezogen auf Microlearning, von einer „… Kommunikationsbeziehung zwischen den Lernenden und dem Feedback(mechanismus)" (S. 20–21). Diese entsteht laut ihm dann, wenn kleine Lerneinheiten mit einer unmittelbaren Rückmeldung verknüpft werden.

Hierdurch erhöht sich „... nicht nur die Motivation, sondern auch Effektivität und Effizienz des Lernprozesses" (ebd.).

Die Methoden, welche im Microlearning, unter Berücksichtigung des zeitnahen Feedbacks, verwendet werden, sind vielfältig. Häufig wird auf Multiple-Choice-Fragen zurückgegriffen. Weitere Möglichkeiten sind bspw. die Verwendung von Lückentexten oder die Sortierung von Fachbegriffen (VNR 2020, o. S.). Generell können die Aufgaben, je nach Lernstand und unter Berücksichtigung des didaktischen Prinzips der Teilnehmerorientierung, beliebig komplex gestaltet werden. Dafür eignet sich bspw. die Arbeit mit Fällen (Baumgartner 2014, S. 21). Damit der Lerneffekt möglichst hoch ist, sollte die Rückmeldung über den Lernstand so präzise wie möglich erfolgen. Wird eine falsche Antwort gegeben, ist es für die Lernenden hilfreich, wenn sie eine Rückmeldung darüber erhalten, weshalb die Antwort nicht richtig ist (ebd.).

Microlearning sollte so gestaltet sein, dass es zu einem Nachdenken über das eigene Lernen anregt und die Selbstreflexion fördert. Intendiert, durch eine ermöglichungsdidaktische Gestaltung des Microlearning, wird eine Stärkung des Selbstwirksamkeitsgefühls, welches als Grundlage jedweder Kompetenzentwicklung angesehen wird (Arnold 2010a, S. 80). Hierdurch trägt Microlearning zur Kompetenzentwicklung bei, welche hauptsächlich im Rahmen von Arbeitsprozessen, als Teil der beruflichen und betrieblichen Weiterbildung, stattfindet (Erpenbeck & Sauter 2013, S. 132).

2.2 Microlearning im Rahmen der beruflichen und betrieblichen Weiterbildung

Lernen spielt im Rahmen der beruflichen und betrieblichen Weiterbildung eine wichtige Rolle. Damit Unternehmen den stetig wachsenden Anforderungen, ausgelöst durch den Wandel „... hin zu einer Wissens- und Dienstleistungsgesellschaft ... " (BIBB 2013, S. 5), gerecht werden und damit wettbewerbsfähig bleiben können, ist die Entwicklung des Unternehmens hin zu einer „lernenden Organisation" (Baldwin 2020, S. 40–41) unabdingbar. Die betriebliche Fort- und Weiterbildung erfährt hierdurch einen erheblichen Bedeutungszuwachs (Dehnbostel 2005, S. 208–209). „Lernen und Arbeiten wachsen ... zusammen" (Erpenbeck et al. 2016, S. VII).

Kompetenzentwicklung und Weiterbildung, als Komponenten des lebenslangen Lernens, werden als DIE entscheidende Verbindung zwischen dem Einzelnen und dessen Arbeitswelt gesehen. Diese dient nicht nur der Dienstleistungs- und Wettbewerbsfähigkeit der Unternehmen, sondern auch dem Individuum zur Verbesserung seiner persönlichen „Lebens- und Arbeitschancen" (Keller

2020, S. 103). Microlearning stellt eine solche Brücke zwischen Lernen und Arbeiten her, indem es eine Aneignung von Wissen im Arbeitskontext ermöglicht (Baldwin 2020, S. 54).

Inwieweit Microlearning zur Kompetenzentwicklung beitragen kann, wird in Kapitel 2.2.1 beleuchtet. Im darauffolgenden Kapitel wird erläutert, wo das Lernformat Microlearning im Rahmen des betrieblichen Lernens angesiedelt werden kann. Hierbei wird auf die Stufen des betrieblichen Lernens, bspw. auf das Blended und das Social Workplace Learning, eingegangen. Lernen kann sowohl formal als auch non-formal oder informell gestaltet sein. Lebenslanges Lernen umfasst alle diese Lernformen, welche „... sich über die gesamte Lebensspanne hinweg ergänzen" (Keller 2020, S. 103).

Eine Einordnung von Microlearning im Rahmen von formalem, non-formalem und informellem Lernen erfolgt in Kapitel 2.2.3.

2.2.1 Kompetenzentwicklung als zentrales Ziel von arbeitsintegriertem Lernen

Wie zahlreiche Studien belegen, wird „Lebenslanges Lernen ... zunehmend zum elementaren Wettbewerbsfaktor für Unternehmen und zum Schlüssel der individuellen Beschäftigungsfähigkeit von Erwerbstätigen" (Heister

2016, S. 15). In einer Wissensgesellschaft, wie es in Deutschland derzeit der Fall ist, spielt die Innovationsfähigkeit der Erwerbstätigen als Wertschöpfungsfaktor eine entscheidende Rolle. Um auf Dauer innovationsfähig zu bleiben, bedarf es einer kontinuierlichen Weiterentwicklung der vorhandenen Kompetenzen (ebd.).

Das Lernformat Microlearning wird oftmals auf die Erweiterung der Fachkompetenz, ganz nach dem Motto „Content is King" (Petermandl 2014, S. 25), reduziert. Hierbei gilt zu berücksichtigen, dass Wissen lediglich die Grundlage für die Handlungsfähigkeit eines Menschen darstellt. Diese entsteht erst durch „… die Vernetzung verschiedener Kompetenzen in konkreten Situationen" (ebd.). Kompetenzen sind nicht vermittelbar; sie entwickeln und erweitern sich im Laufe des Lebens durch die gesammelten Erfahrungen. Kompetenzen können demnach am Arbeitsplatz nur durch selbstgesteuertes Lernen (weiter-)entwickelt werden (Arnold 2010c, S. 173).

Microlearning ist so konzipiert, dass es den Lernenden ermöglicht, sich selbstgesteuert Lerninhalte anzueignen und das erworbene Wissen selbstorganisiert weiterzuverarbeiten. Hieraus entwickelt sich „kompetentes Handeln" (Petermandl 2014, S. 26). „Je mehr Aktivität und Selbstorganisation … [Lernmethoden] zulassen, desto intensiver wirken sie kompetenzfördernd" (Petermandl 2014, S.

25–26). Microlearning setzt ein selbstorganisiertes Lernen voraus und fördert dieses zugleich.

Durch Beobachtungen von Studierenden, welche sich nach dem Prinzip von Microlearning Wissen angeeignet haben, konnte Petermandl (2014) zehn Effekte von Microlearning ausfindig machen (S. 25–26). Die Ergebnisse der Untersuchung lassen darauf schließen, dass Microlearning mehr als ausschließlich die Fachkompetenz fördern kann (ebd.).

Durch die Beobachtungen konnte bspw. festgestellt werden, dass Microlearning, aufgrund der gestellten Fragen und dem unmittelbaren Feedback, motivationssteigernd wirkt, also eine Art ‚Stimulus' darstellt. Auffällig war zudem, dass sich die Lernenden über bspw. das Feedback austauschen und Diskussionen entstehen, wodurch eine noch intensivere Auseinandersetzung mit dem Lerninhalt erfolgt. Gleichzeitig werden eigenständige Recherchen zu angrenzenden Themen durchgeführt und das Weiterbildungsinteresse, über das eigentliche Thema hinaus, geweckt. Das Feedback ist Anlass für die Studierenden, sich metakognitiv mit ihrem eigenen Lernprozess und -bedarf auseinanderzusetzen. Durch die freie Themenwahl und die Zeit- und Ortsunabhängigkeit wird die Lern- und Zeitplanung durch die Studierenden eigenverantwortlich gestaltet. Werden den Lernenden die positiven Effekte von Microlearning bewusst, beginnen diese, sich aktiv bei der

Gestaltung von Content einzubringen und ihrer eigenen Lernfähigkeit zu vertrauen (Petermandl 2014, S. 25–26).

Werden die beschriebenen Effekte näher betrachtet, fällt auf, dass das Lernformat Microlearning das Potential hat, „... die Entwicklung zahlreicher im Arbeitsalltag wichtiger Kompetenzen..." (Petermandl 2014, S. 26) zu unterstützen, indem es „... Einfluss auf die Entwicklung von Lernfähigkeit und Selbstmanagement" (ebd.) hat.

Durch die hohe Eigenverantwortung für den Lernprozess, das notwendige Selbstmanagement und die Lernbereitschaft, werden persönliche Kompetenzen weiterentwickelt. Die Aktivitäts- und Handlungskompetenz wird gefördert, indem die Lernenden selbst die Initiative zum Lernen treffen, sich für Inhalte eigenständig entscheiden und ihren Lernweg konsequent und ergebnisorientiert verfolgen. Die Erweiterung der sozial-kommunikativen Kompetenzen erfolgt durch den Austausch mit anderen Lernenden. Hierbei spielen Team- und Kommunikationsfähigkeit und die Bereitschaft zur Kooperation eine wichtige Rolle. Die eigenständige Entwicklung von Content, die Erstellung eines Lernplanes und die Aneignung von Wissen stärken zudem die Fach- und Methodenkompetenz (ebd.). Voraussetzung für eine individuelle Kompetenzentwicklung, mit dem Ziel der Entfaltung beruflicher Handlungskompetenz, ist „... die Schaffung von Möglichkeits- oder Gelegenheitsstrukturen" (Bretschneider 2006, S. 9). Das bedeutet, dass die Rahmenbedingungen am Arbeitsplatz lern- und kompetenzförderlich gestaltet sein müssen, um Kompetenzentwicklung zu fördern (ebd., S. 211).

2.2.2 Stufen betrieblichen Lernens

Kompetenzentwicklung findet hauptsächlich im Rahmen von Arbeitsprozessen statt (Sauter & Sauter 2013, S. 132). Ein Lernen im Kontext der Arbeit muss häufig erst angebahnt werden, „... da die meisten Mitarbeiter und Führungskräfte aus einer Lernkultur kommen, die primär fremdorganisiert geprägt ist ..." (Erpenbeck et al. 2016, S. VI). Erpenbeck et al. (2016) schlagen deshalb ein gestuftes Vorgehen „... zur systematischen Kompetenzentwicklung im Prozess der Arbeit ..." (S. VI) vor. Hierbei folgt auf Blended-Learning-Arrangements, welche zum Ziel eine „... Lernkultur der Selbstorganisation und des Social Learnings ..." (ebd.) haben, die Öffnung des Lernsystems „... in Richtung eines Social-Workplace-Learning-Modells ..." (ebd.).

Unter Workplace Learning verstehen Sauter und Sauter (2013) eine „Kompetenzentwicklung am Arbeitsplatz und in Arbeitsprozessen ... [, welche] meist auf Ansätzen des Blended Learning, Social Learning und Collaborative Learning" (S. 307) basieren. Mit dem Konzept des Social Workplace Learning wird ein selbstorganisiertes Lernen im Prozess der Arbeit und im Netz angestrebt, welches von den Mitarbeitenden initiiert bzw. intensiviert wird, sobald sich herausfordernde Praxisprobleme zeigen (Erpenbeck et al. 2016, S. VI). Ziel ist eine Erweiterung der individuellen Kompetenzen und der kollektiven Handlungsfähigkeit (ebd.).

Neben dem gestuften Vorgehen sollten, laut Erpenbeck et al. (2016), die Rahmenbedingungen so gestaltet sein, dass sie die Anbahnung einer „Kultur des kollaborativen Arbeitens und Lernens ..." (S. VII) begünstigen. Dieser Ermöglichungsrahmen beruht auf einem systemisch-konstruktivistischen Grundverständnis und ermöglichungsdidaktischen Prinzipien, wie bspw. dem Prinzip des selbstgesteuerten Lernens (ebd.).

Da die Stärkung des Selbstwirksamkeitsgefühls als Grundlage jedweder Kompetenzentwicklung angesehen wird, ergibt sich für die Gestaltung innovativer Lernsysteme in Organisationen die Notwendigkeit, ein kompetenzorientiertes und zunehmend selbstorganisiertes Lernen „... im Rahmen von realen, herausfordernden Praxisprojekten oder im Prozess der Arbeit ..." zu fördern (Erpenbeck et al. 2016, S. 3).

Um sich Wissen selbstorganisiert anzueignen und Kompetenzen in der Bewältigung herausfordernder beruflicher Aufgaben zu erweitern, müssen Lernende „... eine hohe Methoden-, Medien-, Selbstorganisations- und Selbstlernkompetenz entwickeln" (ebd.). Diese Kompetenzen gilt es schrittweise anzubahnen. Aus diesem Grund sollen von Beginn an soziale Lernprozesse, also Social Learning, gefördert werden, welche eine Reflexion des Erfahrungswissens im Austausch mit anderen Lernenden ermöglichen (ebd.). Die einzelnen Schritte, hin zu einem Workplace Learning, sind in Abbildung 2 dargestellt.

Das Lehren und Lernen in Seminaren (Stufe 1) und in Form von E-Learning (Stufe 2) dienen dem Wissensaufbau und der Qualifikation. Beides gilt als eine notwendige Voraussetzung für ein Social Workplace Learning (Erpenbeck & Sauter 2015, S. 19–20). Zusätzlich stellen die ersten beiden Stufen, welche einer starken Fremdsteuerung unterliegen und im formellen Kontext stattfinden, eine erste Schnittstelle der Lernenden mit fachlichen, medialen und methodischen Anforderungen dar (ebd.). In Stufe 3, dem Blended Learning, wird eine zunehmende Selbststeuerung des Lernprozesses durch die Lernenden erwartet und gefördert (ebd.).

Bei Blended Learning handelt es sich um „… einen hybriden Methodenmix aus traditionellen Formen des Präsenzlernens und virtuellen E-Learning-Phasen …“ (Kludig & Friemer 2020, S. 124–125). Einzelne Lernformate werden miteinander kombiniert, wodurch die jeweiligen Vorteile der Formate in Erscheinung treten und sich Nachteile kompensieren lassen. Das Lernen wird zum „… Lernen

und Anwenden – zum Bestandteil der Arbeitspraxis …"
(Sammet & Wolf 2019, S. 14–16).

Als wesentliche Stufen des Kompetenzlernens sehen
Erpenbeck & Sauter (2015) allerdings das, anhand von
herausfordernden Praxisprojekten stattfindende, Social
Blended Learning (Stufe 4) und das arbeitsintegrierte und
vollständig selbstorganisierte Social Workplace Learning
(Stufe 5) (S. 20).

*Abbildung 2: Die Stufen eines Social Workplace Learning nach Jane
Hart (eigene Darstellung in Anlehnung an Erpenbeck & Sauter 2015,
S. 20)*

Das Social Blended Learning ist eine konzeptuelle Erweiterung des Blended Learning, mit welchem ein „… werte-

und kompetenzorientiertes Blended Learning" angestrebt wird, dass durch konkrete Praxisanforderungen angestoßen und von den Lernenden in Lernpartnerschaften, Communities of Practice[4] und unter Einbezug von Social Software bearbeitet wird (Erpenbeck & Sauter 2020, S. 186). Es hat somit ein „… gezieltes Erlernen sozialen Handelns …" zum Ziel, indem „selbstgesteuertes, formelles Lernen in Blended Learning Arrangements in Verbindung mit selbstorganisiertem Lernen in Transferaufgaben …" (Erpenbeck & Sauter 2015, S. 20) stehen.

Das Social Workplace Learning stellt nicht nur die höchste Stufe der arbeitsintegrierten Kompetenzentwicklung dar; es repräsentiert zudem eine Vision zukünftigen Lernens in Unternehmen und Organisationen. Nach der Kompetenzstärkung der Lernenden durch die Social Blended Arrangements, kann davon ausgegangen werden, dass sie den bereitgestellten Ermöglichungsrahmen zunehmend in Eigenregie nutzen, um herausfordernde berufliche Situationen zu lösen. Dabei treffen sie selbst die Wahl passender Wissensangebote und definieren ihre Kompetenzziele eigenständig. Zudem nutzen sie, in Abstimmung mit Vorgesetzten, entsprechende Qualifizierungsangebote und kooperieren eigeninitiativ mit bspw.

---

[4] „… Der Begriff „Community of Practice" [wird] für [informelle] Arrangements verwendet, wie sie in vielfältiger Weise in alltäglichen Arbeits- und Lebenszusammenhängen vorzufinden sind" (Bliss et al. 2006, S. 2), bspw. Gespräche mit Kollegen und/ oder Freunden (ebd., S. 3).

Lerngruppen und Communities of Practice (Erpenbeck et al. 2016, S. VI, 19-21).

Der Austausch, die Erweiterung und die Reflexion von Erfahrungswissen steht im Lernsystem des Social Workplace Learning im Vordergrund, während Lernziele, welche rein am Inhalt orientiert sind, an Bedeutung verlieren (Erpenbeck et al. 2016, S. 26). Microlearning kann dabei, je nach Aufbereitung der Inhalte, in verschiedenen Stufen zum Tragen kommen. So dient Microlearning dem Social Learning, indem es, wird der Content bspw. digital zur Verfügung gestellt, die Vernetzung und den Austausch mit anderen Lernenden unterstützt. Hierzu dienen Formate wie Weblogs oder Wikis (siehe Kapitel 2.3.2). Diese gehen über traditionelles E-Learning hinaus, indem die Inhalte nicht alleine bearbeitet und angeeignet werden, sondern ein sozialer Austausch stattfindet, wodurch u. a. sozial-kommunikative Kompetenzen gestärkt werden (Robes 2009, S. 8–9).

Im Rahmen von Blended Learning kann Microlearning als „… Ergänzung von Kursinhalten aus Präsenzschulungen …" (Ettl-Huber 2020, S. 18) eingesetzt werden, indem bspw. zusätzliche Übungsaufgaben und Wissensbausteine oder Inhalte zur Vorbereitung auf die nächste Präsenz angeboten werden (ebd.). Gleichzeitig dienen Microlearning-Sequenzen als Wiederholung von bereits besuchten Seminaren, welche, je nach Bedarf, als Auffrischung des bereits erworbenen Wissens, abgerufen werden können (ebd.).

Da im laufenden Arbeitsprozess wenig Zeit für Lernen bleibt, sind die Lerninhalte, welche auf Microlearning basieren, so gestaltet, dass ein Lernen am Arbeitsplatz ermöglicht und der eigentliche Arbeitsprozess nur kurzfristig unterbrochen wird. „Im Arbeitskontext auftretende Informations- und Lernbedürfnisse [können] direkt behandelt oder für eine Aufgaben- oder Problemlösung relevante Inhalte vermittelt werden" (Decker et al. 2016, S. 175). Microlearning schafft Performance Support, also bedarfsorientierte Unterstützung im Arbeitsprozess (Robes 2020, S. 12).

Der situative Erwerb von Wissen, dann, wenn es benötigt wird, ‚just-in-time', wird als ‚Learning on demand' bezeichnet (Erpenbeck & Sauter 2013, S. 85; Kamin 2013, S. 56). Durch solch ein arbeitsprozessintegriertes Microlearning „… werden kleine Lernräume zwischen den einzelnen Phasen [des Arbeitsablaufes] geschaffen" (Ettl-Huber 2020, S. 17). Als besonders ressourcensparend und effizient erweist sich das arbeitszeitintegrierte Microlearning durch die Nutzung von Leer- und Wartezeiten. Je nach Arbeitsfeld gestalten sich diese unterschiedlich, bspw. im Rahmen von passiven Reisezeiten (wie Zugfahrten) oder zwischen einzelnen Aktivitäten (z. B. in der Warteschleife am Telefon) (ebd., S. 18).

Die leichte Integration von Microlearning-Einheiten in den Arbeitsalltag ist mit fast 80% laut der Benchmarking Studie 2021 einer der Hauptgründe für den Einsatz dieses Lernformats in Unternehmen (Siepmann 2021, S. 14). „Mit dem Ansatz der zeit- und ortsunabhängigen Verfügbarkeit von Micro-Learning löst sich die Grenze zwischen beruflicher und privater Lernumgebung zeitlich wie örtlich auf" (Ettl-Huber 2020, S. 18), wodurch Microlearning ein allgegenwärtiges Lernen, also nicht nur am Arbeitsplatz, sondern bspw. auch Zuhause, ermöglicht (ebd.).

Social Workplace Learning basiert u. a. auf der „... kollaborative[n] Lösung realer Problemstellungen in der Praxis ..." (Erpenbeck & Sauter 2015, S. 20). Diese Problemstellungen dienen oftmals als Grundlage für die Erstellung von Microlearning-Inhalten. Auch Lehrveranstaltungen können einen Anreiz für deren eigenständige Produktion von Content geben. Bei der Erstellung von Lernmaterial ist es sinnvoll, auf mehrere Autoren/-innen zurückzugreifen. Dies hat neben der schnelleren Erzeugung von Content den Vorteil, dass dieser, bei Bedarf (z. B. gesetzlichen Neuerungen), zeitnah überarbeitet und angepasst werden kann. Gleichzeitig ist es sinnvoll, die personellen Ressourcen zu nutzen und entsprechende Themen an Fachpersonen zu übertragen (bspw. die Erstellung einer

Lerneinheit zum Thema Händedesinfektion durch Hygie-nebeauftragte) (Lorenz 2010, S. 5).

Der Vorteil bei der Erstellung von Lernmaterial durch die Lernenden, also den Experten/-innen vor Ort, selbst, liegt neben der Erweiterung der Methodenkompetenz darin, dass die Inhalte auf die Bedarfe der Zielgruppe abge-stimmt werden können. Neben der Kürze, Einfachheit, Fokussierung und der Zielorientierung, ist dies eines der Hauptmerkmale von Microlearning (Müssig 2020a, S. 43).

Für Microlearning kommen vielerlei Inhalte infrage. Als Beispiele sind Arbeitsprozessbeschreibungen, Projekt- und Prozessdokumentationen oder Arbeitshinweise zu nennen. Zur Anleitung bei einer Fehlersuche können bspw. Experten/-innensysteme zur Anwendung kommen, welche die Lernenden bei komplexen Problemstellungen unterstützen. Einzelne Lernbausteine können „… als kur-ze Lern- oder Informationseinheiten bei der Bewältigung bestimmter Aufgaben" (Ettl-Huber 2020, S. 16) helfen.

Nicht nur bei der Erstellung von Content, sondern auch beim Lernen selbst, gilt zu berücksichtigen, um welche ‚Art' von Lernenden, Anfänger/-innen oder Wissensarbei-ter/-innen, es sich handelt und die Rahmenbedingungen dementsprechend zu gestalten (Robes 2009, S. 14).

Während es bei lernentwöhnten Menschen hauptsächlich darum geht, „… entsprechende Kurzformate zu entwickeln und in Bildungscurricula zu integrieren" (ebd.), steht bei erfahrenen Lernenden, also Wissensarbeitern/-innen, die Schaffung zusätzlicher Lernräume und die Definition von Fach- und Bildungsexperten/-innen als Ansprechpersonen im Vordergrund. „Ein und derselbe Inhalt kann ..., je nach Zielgruppe, eine völlig unterschiedliche Funktion bzw. Aufgabe besitzen" (ebd.). In einem Social Workplace Learning nehmen informelle Lernprozesse einen hohen Stellenwert ein, welche es anzuerkennen und durch einen entsprechenden Ermöglichungsrahmen, bestmöglich zu fördern gilt (Sauter & Sauter 2013, S. 53, 88).

2.2.3 Microlearning im Rahmen von formalem, non-formalem und informellem Lernen

Mit Blick auf die Systematik der beruflichen Weiterbildung wird deutlich, dass das Lernen im Arbeitsprozess formell[5] als auch informell vollzogen werden kann. Microlearning steht für ein Lernformat, bei dem es sich „... um ein relationales Konzept mit vielfältigen Anwendungsperspektiven [handelt], die in vielen Fällen „Brückenschlag"-Charakter zwischen formellen und informellen Lernformen haben" (Hug 2010a, S. 236). Beide Formen, „formelles und in-

---

[5] Die Wörter ,formell' und ,formal', sowie ,non-formal' und ,non-formell' werden in der Literatur häufig synonym verwendet (Rohs 2014, S. 402).

formelles Lernen[,] werden als komplementäre Bestandteile der Kompetenzentwicklung betrachtet" (Rohs 2014, S. 391).

Beim formalen Lernen handelt es sich um die fokussierte Aneignung von theoretischem Wissen mit vorgegebenen Lernzielen, -zeiten und -inhalten, welche in Bildungseinrichtungen stattfindet. Der Lernprozess wird von außen, durch bspw. Lehrende, gesteuert und hat zumeist eine Zertifizierung zum Ziel (Erpenbeck & Sauter 2010b, S. IX; Rohs 2014, S. 392, 394).

Informelles Lernen weist dagegen keine Strukturierung auf und findet außerhalb von Institutionen statt. Lerninhalte sind durch die Lernenden somit frei wählbar. Zumeist verläuft informelles Lernen „… nicht zielgerichtet (intentional) und eher beiläufig (inzidentell)" (Erpenbeck & Sauter 2010b, S. 9). Zudem wird der Gegenstand ganzheitlich betrachtet und beruht auf Erfahrungswissen (Rohs 2014, S. 394).

Das non-formale Lernen „… bildet … eine Zwischenkategorie als organisiertes Lernen, welches nicht im formalen Bildungssystem stattfindet" (Rohs 2014, S. 393). Non-formale Lernprozesse sind somit zwar systematisch und geplant, haben jedoch bspw. keine Zertifizierung zum Ziel. Beispiele hierfür sind innerbetriebliche oder politische Weiterbildungen (G.I.B. 2021, o. S.).

Auch wenn Croos (2014) formales und informelles Lernen als Gegensätze bezeichnet, mit dem Vergleich „Formal learning is push" (zit. n. Sammet & Wolf 2019, S. 9) und „Informal learning ... is pull" (ebd.), lassen sich das formale, non-formale und informelle Lernen nicht trennscharf voneinander definieren. Vielmehr ist laut Rohs (2014) von einem „... Kontinuum zwischen formellen und informellen Lernen ..." (S. 394) auszugehen.

Microlearning steht, wie bereits beschrieben, für die Verknüpfung der verschiedenen Lernformen. Dennoch wird es, „... aufgrund seiner ubiquitären Darreichungsmöglichkeiten [häufig] ... dem informellen Lernen zugeordnet, obwohl es zunehmend auch in formalen Bildungssituationen als Wissenstransferansatz eingesetzt wird" (Baldwin 2020, S. 45).

Microlearning kann, konträr zum Macrolearning, insoweit als informelles Lernen bezeichnet werden, als das hierbei das Selbstlernen, die freie, eigenständige Festlegung von Lerninhalten und -zielen, im Vordergrund steht (Robes 2009, S. 6). Im Gegensatz zu Microlearning, welches zwar push und pull miteinander verbindet, aber dennoch eher informell ausgerichtet ist, handelt es sich beim sogenannten Macrolearning um eine primär formale Lernform. Im Folgenden sind die Unterschiede der beiden Lernformate tabellarisch dargestellt.

	Macrolearning	**Microlearning**
Umfang	Mehrere Stunden, Tage, Monate	Kurzer Lernprozess (ca. zwischen drei und 30 Minuten)
Lernziel/-zweck	Wissenserwerb	Problemlösung
Lernform	eher formales Lernen	eher informelles Lernen; on demand
Lernstrategie	strategisch	operativ
Bedarf des Gelernten	ggfs. nach dem Lernprozess	vor dem Lernprozess
Steuerung	geringe Selbststeuerung	hohe Selbststeuerung

Tab. 1 Merkmale von Micro- und Macrolearning im Vergleich (eigene Darstellung in Anlehnung an Abel & Wagner 2017, S. 138; Lorenz 2010, S. 5)

Bei der Planung von betrieblichen Weiterbildungen und der damit verbundenen Entscheidung, ob diese formal, non-formal oder informell angeboten werden, ist es wichtig neben dem Reifegrad des Unternehmens das Kompetenzlevel der Lernenden zu berücksichtigen (inside-online 2020, o. S.). Berufseinsteiger/-innen eignen sich bspw. eher für formale Trainings mit mehr Struktur, welche systematisch an ein Thema heranführen und grundlegende

Kenntnisse vermitteln (Robes 2009, S. 15).

Menschen, welche in ihrer beruflichen Rolle bereits gefestigt sind, können ihren Lernbedarf dagegen häufig besser einschätzen; „... die Anforderungen ... [werden] informeller und individueller" (ebd.).

Doch selbst wenn eine Person in einem Bereich ‚Experte/-in' ist, kann er, abhängig von der jeweiligen Aufgabe und dem Kontext, auf einem anderen Gebiet noch ‚Anfänger/-in' sein, da die „... Entwicklung vom Status »Neuling« zum Status »Experte« ... nicht immer linear [verläuft]" (ebd.).

Das 70-20-10-Modell

Ein Modell, welches zeigt, wie hoch die Bedeutung von Microlearning im beruflichen Kontext einzuschätzen ist, ist das 70-20-10-Modell, welches ursprünglich von Bob Eichinger und Michael M. Lombardo 1996 veröffentlicht und durch Charles Jennings bekannt gemacht wurde (siehe Abbildung 3).

Das 70-20-10-Modell

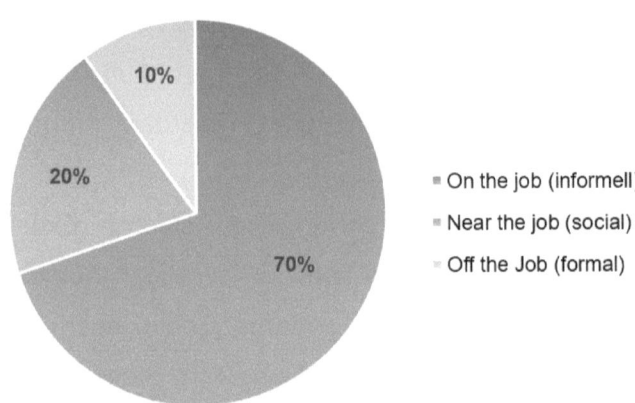

Abbildung 3: Das 70-20-10-Modell (eigene Darstellung)

In vielen Organisationen weltweit wurde dieses Modell als Bildungsformel eingeführt und gilt mittlerweile „… als Rahmenmodell für Lernen und Entwicklung" (Sammet & Wolf 2019, S. 8). Den größten Stellenwert nimmt in diesem Modell mit 70% das informelle Erfahrungslernen, welches im Prozess der Arbeit (‚On the job') erfolgt, ein (Sammet & Wolf 2019, S. 8; Hasenbein 2020, S. 70–71). Microlearning direkt am Arbeitsplatz eignet sich v. a. zur Fort- und Weiterbildung von Beschäftigten, welche sich bereits länger im Unternehmen befinden (Ettl-Huber 2020, S. 20). Die 20% im Modell stehen für die Wissenserweiterung durch Austausch in Form von Social Learning. Lediglich 10% des Lernens sind auf formale Lernprozesse abseits des Arbeitsplatzes (‚Off the job'), wie Kurse oder Schulungen, zurückzuführen (Sammet & Wolf 2019, S. 8). Besonders die Digitalisierung macht ein Lernen in allen drei Bereichen möglich, wobei v. a. Microlearning, in Form von bspw. Learning on demand, seinen Beitrag zum Erreichen der 70% leistet (Baldwin 2020, S. 43–44). Die Popularisierung des 70-20-10-Modells hat zur Folge, dass zunehmend formale Lernprozesse durch informelle ersetzt werden, um das selbstgesteuerte Lernen, aufgrund des großen Potentials zur Unterstützung der Kompetenzentwicklung, weiter zu fördern (Sammet & Wolf 2019, S. 13).

Dennoch lohnt sich ein kritischer Blick auf die Entstehungsgeschichte des Modells. So bleiben, neben der schmalen Datenbasis (191 befragte Personen) und der stark eingegrenzten und zur Bias führenden Zielgruppe (erfolgreiche Manager), einige Fragen offen, bspw. bzgl. der genauen Bedeutung der angegebenen Zahlen (Sammet & Wolf 2019, S. 8). In abgewandelten Modellen, wie dem 20-30-30-20 Modell nach Koch, finden dagegen bspw. die bis dato nicht berücksichtigten Selbstlernkompetenzen Beachtung (ebd.).

Trotz aller Kritik bleibt festzuhalten: „Der unbestreitbare große Wert des Modelles liegt darin, dass mit einer griffigen Formel der Blick auf andere Formen des Lernens gelenkt ..." (Sammet & Wolf 2019, S. 9) wird, wobei eine

kritische Hinterfragung bei Verwendung zwingend notwendig ist.

Bei der Entscheidung, ob Microlearning formal, non-
formal oder informell eingesetzt werden soll, ist zu berücksichtigen, auf welcher Grundlage die Einheiten verteilt
werden. Grundsätzlich kann laut Lorenz (2010), zwischen
drei Strategien in Bezug auf die Verteilung von Microlearning-Einheiten unterschieden werden (Lorenz 2010, S. 7).
Zum einen lassen sich diese curriculumsbasiert verteilen.
Hierbei sind die Lerneinheiten fest in einen Lehrplan integriert und finden somit regelmäßig statt (ebd.). Eine weitere Möglichkeit ist die „kontextbasierte Verteilung von
Microlearning-Einheiten" (ebd.). Hier werden die Inhalte
den Lernenden bedarfsorientiert zur Verfügung gestellt,
also dann, wenn sie das Wissen im Rahmen ihrer beruflichen Tätigkeit benötigen (ebd.).
Die Verteilung der Einheiten kann jedoch auch kontextfrei
geschehen. Die Inhalte sind dabei zwar am Curriculum
orientiert, aber die Lernenden können selbstgesteuert
oder nach dem Zufallsverfahren zwischen verschiedenen
Lernmaterialien wählen (ebd.). Besonders teilnehmerorientiert ist die Aufbereitung der Microlearning-Inhalte dann,
wenn nicht nur die Wahl zwischen verschiedenen Inhalten
besteht, sondern zudem die Microlearning-Formate variieren. Die Darreichung verschiedener Formatarten ermög-

licht die Anregung unterschiedlicher kognitiver Lernprozesse (Decker et al. 2016, S. 178).

2.3 Microlearning-Formate

Beim Microlearning können die Lernenden aus einer Vielzahl von Formaten wählen. Prinzipiell wird dabei zwischen analogen und digitalen Formaten unterschieden (ArgenturQ 2019, S. 8).Auch wenn Microlearning nicht grundsätzlich an das E-Learning geknüpft ist, werden die meisten Microlearning-Inhalte digital zur Verfügung gestellt (Robes 2009, S. 4). So bestehen zwar schon seit längerer Zeit analoge Formate, wie Lernkarten; ein Aufschwung von Microlearning konnte jedoch v. a. im Zusammenhang mit der Entwicklung des Internets beobachtet werden (Robes 2009, S. 5). Die Digitalisierung, welche den Arbeitsalltag stark beeinflusst, wirkt sich dementsprechend auf die Gestaltung und Bereitstellung der Lernformate aus.

Microlearning kommt in verschiedenen Branchen zum Einsatz. Als ein Beispiel, wie Microlearning im Rahmen der Akutpflege umgesetzt werden kann, dient das One Minute Wonder, welches in Kapitel 2.3.3 dargestellt wird.

2.3.1 Analoge Formate

Microlearning wird bereits seit mehreren Jahren, wenn auch nicht immer explizit unter diesem Begriff, angewandt. Bestes Beispiel hierfür sind Lernkarten, in Form von bspw. selbst beschrifteten Karteikarten mit den wichtigsten Lerninhalten. Diese eignen sich, um Begriffe, Konzepte oder Definitionen zu lernen und können beliebig oft wiederholt werden (Müssig 2020a, S. 40).

Um sich selbst den Lernfortschritt zu veranschaulichen und „die Lerninhalte ... über viele kleine Lernschritte immer wieder in das Gedächtnis ... " (ebd.) zu rufen, kann auf einen Lernkasten zurückgegriffen werden. Eine weitere analoge Möglichkeit stellt die Aneignung von Wissen durch Zusammenfassungen auf Postern dar (Müssig 2020b, S. 52).

Gegenwärtig wird, bedingt durch die Digitalisierung, immer weniger auf analoge Formate zurückgegriffen. Statt händisch beschrifteten Karteikarten werden nun die digitalen Pendants, wie elektronische Lernkarten, verwendet (Petermandl 2014, S. 24).

2.3.2 Digitale Formate

Social Learning findet heutzutage hauptsächlich digital statt. Dementsprechend sind Lernformate wie Microlearning, welche ein Social Workplace Learning unterstützen, multimedial ausgerichtet. Microlearning geht somit mit einem ‚Mobile Learning', dem Lernen über drahtlose Geräte (z. B. Smartphones, Tablets, Laptops), einher (Sauter & Sauter 2013, S. 13). Laut Hug (2010b) ist Microlearning „… eine Sammelbezeichnung … für verschiedene informelle Lernaktivitäten im Kontext von Social Software Anwendungen, inzidentelles Lernen mit digitalen Medien, mechanistisches Lernen mit „Lernobjekten", SMS-Anwendungen, etc." (S. 200).

Im Folgenden wird eine Auswahl von digitalen Microlearning-Formaten, welche häufig zum Einsatz kommen, beispielhaft dargestellt.

Videos

Eine weit verbreitete Form des Microlearning ist das Lernen mithilfe von Videos. Diese haben den Vorteil, dass sie, aufgrund der visuellen und auditiven Aufbereitung der Lerninhalte, verschiedene Lerntypen ansprechen. Zudem können sie, je nach Bedarf, wiederholt oder pausiert werden (ArgenturQ 2019, S. 9). Besonders Handlungskompetenzen können durch Videoformate gut vermittelt werden, indem einzelne Handlungsschritte praktisch dargestellt werden (ebd.).

Weblogs

Als Weblogs, verkürzt ‚Blogs' genannt, werden häufig aktualisierte Webseiten bezeichnet, auf denen „… in Form von datierten Einträgen eine Art Tagebuch, Logbuch oder

Journal geführt wird" (Koschorreck o. J., S. 1). Die Blogeinträge können mit anderen Webseiten, Videos oder Autodateien durch Links verknüpft sein (Baldwin 2020, S. 52–53).

Blogs unterstützen als Microlearning v. a. das Social Learning, indem sie „... persönliche Kommentare und Verlinkungen auf andere Beiträge in anderen Blogs ... zulassen" (ebd.) und sich flexibel in den Alltag integrieren lassen. Somit sind Blogs „... Kommunikations-, Wissens-management- und Publikationsdienste zugleich" (Buchem et al. 2013, o. S.).

Wikis

Unter Wiki wird „... eine Website, deren Inhalte von Be-nutzerInnen eines Netzwerkes geteilt, bearbeitet und ver-ändert werden können" (Baldwin 2020, S. 53) verstanden. Da die Lernenden dazu angeregt werden, ihr Wissen zu teilen und sich eigenständig Lerninhalte anzueignen, wer-den Wikis im Rahmen von Microlearning v. a. für den „... aktiven Lernprozess und zum Kodifizieren und Teilen von implizitem Wissen aus verschiedenen Arbeitsbereichen ..." (ebd.) angewandt.

Aktuelle Inhalte können zur Problemlösung orts- und zeit-ungebunden nachgeschlagen werden bzw. bei der Ver-meidung von Problemen unterstützen (Baumgartner 2014, S. 21).

Applications (Apps)

Anwendungen, verkürzt ‚Apps' genannt, werden von Unternehmen selbst entwickelt oder käuflich erworben (Baldwin 2020, S. 51). Sie können auf unterschiedliche Arten von Endgeräten, wie Smartphones, Laptops oder Tablets, geladen „... und in Blenden [sic!] Learning oder Web-based Learningkonzepte eingebaut werden" (ebd.). Wird eine App selbst entwickelt, können die Inhalte auf die Bedarfe der Lernenden und die gegebenen Rahmenbedingungen angepasst werden (ebd.).

Podcasts

Bei einem Podcast handelt es sich um eine auditive Darstellung von Lerninhalten über das Internet. Diese können über verschiedene Endgeräte, wie Laptops oder Smartphones, abgerufen werden. Sie vermitteln informelle, wie auch formelle Inhalte in Form von bspw. Interviews, Lerntagebüchern oder Storys. Zudem ermöglichen sie eine unmittelbare Rückmeldung und den Verweis auf thematisch passende Inhalte (Baldwin 2020, S. 52).

Laut Sauter & Sauter (2013) besitzen Podcasts „... eine hochemotional-motivationale Eindringlichkeit, so dass sie besonders in den personalen sowie sozial-kommunikativen Kompetenzbereichen wirksam sind" (S. 116).

Meistens haben sie eine Gesamtlänge von ca. 10 Minuten und können neben der eigenständigen Erstellung durch die Lernenden auch aus externen Quellen in den Lernprozess integriert werden (Sauter & Sauter 2013, S. 115). Wird das auditiv Dargestellte durch bewegte Bilder ergänzt, handelt es sich um einen Video-Podcast (ebd.).

Learning Management System (LMS)

Ein Learning Management System (LMS) ist „... eine virtuelle Lern- und Kommunikationsplattform, die den Lernern im Bereich der Lernorganisation, der Dokumentation und der Kommunikation Lösungen bietet" (Sauter & Sauter 2013, S. 90). Dieses dient, neben der Planung und Steuerung individueller, aber auch organisationaler Lernprozesse, der Verteilung von Lerninhalten sowie der Sammlung, Weiterentwicklung und Dokumentation von Wissen und Lernergebnissen aus bspw. Praxisprojekten (ebd.). Zudem unterstützt ein LMS den Austausch von Lernenden untereinander und mit Trainern/-innen bzw. Tutoren/-innen im Rahmen von Blended Learning Prozessen. Gleichzeitig ermöglicht es neben unmittelbarem Feedback „... eine selbstgesteuerte Qualifizierung ..." (ebd.). Damit die Lernenden auf digitale Lernangebote zurückgreifen können, bedarf es anwendungsgerechten Rahmenbedingungen, wie bspw. einer stabilen Internetverbindung.

Neben den hier allgemein dargestellten digitalen Formaten gibt es, je nach Unternehmensbranche, weitere spezifische Formatarten. Im Bereich des Gesundheitswesens werden den Lernenden bspw. E-Health Anwendungen zur Verfügung gestellt. Hierbei handelt es sich um einen Überbegriff für alle digitalen Lösungen, die im Gesundheitssektor Anwendung finden, wie „die elektronische Patientenakte, Krankenhausinformationssysteme, Telemedizin und Apps für die Patientenversorgung ..." (Müssig 2020a, S. 41).

Ein Beispiel für ein Microlearning-Format in diesem Bereich sind Gesundheits-Apps, welche bspw. durch Trainings- und Ernährungsprogramme führen und v. a. Anwendung im Nachsorgebereich bei Erkrankungen, wie Depressionen, finden (Müssig 2020b, S. 52). Im Gesundheitsbereich gibt es noch weitere Beispiele für Microlearning, bspw. das One Minute Wonder.

2.3.3 Das One Minute Wonder als Beispiel für Microlearning in der Pflege

Die Idee des One Minute Wonder (OMW) stammt ursprünglich aus England. Dort wurde 2010 in einem Krankenhaus damit begonnen, die regelmäßig wiederkehrenden Wartezeiten als Lernzeiten zu nutzen. Es wurden komprimierte Informationen auf einer Pinnwand, in Form eines pflegerelevanten Lernposters, für das Personal zur Verfügung gestellt. Die Erstellung der Themen wurde von Pflegenden und Ärzten übernommen. Voraussetzung für die Darstellung der Inhalte war es, dass diese innerhalb von einer Minute, während der regulären Arbeitszeit, zu erfassen sein müssen (Spitz-Köberich 2018, S. 12; Krüger et al. 2021, S. 23).

Seit 2016 ist das OMW, welches „... zur einfachen niederschwelligen Wissensvermittlung ..." (Eppler et al. 2019, S. 642) dient, in deutschen Kliniken verbreitet. Allerdings gibt es bisher nur wenige Untersuchungen mit kleinen Kohorten zu dessen Umsetzung (Krüger et al. 2021, S. 22). Dennoch lassen die Ergebnisse einer Evaluationsstudie, welche 2018 in einer Klinik in Nordrhein-Westfalen durchgeführt wurde, die Schlussfolgerung zu, dass die Methode des OMW „... für Pflegende eine sinnvolle ergänzende Fortbildungsmethode dar[stellt]" (ebd.), wobei weitere empirische Untersuchungen ausstehen.

Die Ergebnisse der Studie zeigen, dass ein großer Anteil der Mitarbeitenden das OMW zum Lernen während der Wartezeiten nutzt (91,53%) und die Informationen im Rahmen der Arbeit hilfreich sind (73,55%) (Krüger et al. 2021, S. 26). Als Wunschorte, an denen die Lernplakate angebracht werden sollen, wurden neben den bereits verwendeten Örtlichkeiten, wie der Küche und dem Blutgasanalysegerät, auch die Apotheke und die Toiletten genannt (ebd.). 47,09% der Befragten sprachen sich für drei verschiedene Präsentationsorte aus, mit einem 14-tägigem Wechselintervall des Contents (69,31%) (ebd.).

Die Lerninhalte, welche auf den Plakaten dargestellt werden, variieren zwischen bspw. Bedienungsanleitungen von Geräten, Krankheitsbildern, Fallbeispielen und Pflegemaßnahmen (Müssig 2020b, S. 52).

Damit die Plakate mit den Microlearning-Inhalten wiederholt genutzt werden können, besteht seit 2018 ein deutschsprachiges OMW-Netzwerk[6], welches sich u. a. den kostenlosen Austausch verschiedener Lernposter und deren Aktualisierung zur Aufgabe gemacht hat (Gondermann 2020, S. 59). Auf der Homepage finden sich neben Beispielen für einzelne Lernplakate Hinweise für die eigenständige Erstellung, wie die Verwendung aussagekräftiger Titel und die Darstellung verwendeter Quellen (Kind & Zink 2021, S. 42).

Mittlerweile existieren zunehmend mehr digitale Formen des OMW, indem bspw. die Plakate mit QR-Codes für weitere Informationen, in Form von z. B. Filmen oder Bildern, versehen werden oder die OMW-Folien als PowerPoint-Präsentation über das Smartphone, den PC oder das Tablet abrufbar sind (Eppler et al. 2019, S. 642–643; Gondermann 2020, S. 59).

---

[6] Das deutschsprachige OMW-Netzwerk ist im Internet unter dem Link https://omw.hdz-nrw.de/omw-netzwerk.html (27.09.2021) zu finden.

2.4 Zwischenfazit und Ausblick

Microlearning berücksichtigt viele erzeugungsdidaktische und erwachsenpädagogische Prinzipien, v. a. das der Selbststeuerung. Microlearning-Einheiten zeichnen sich dadurch aus, dass sie ein inhaltlich klar abgegrenztes Thema behandeln; strukturiert und eindeutig adressiert sind (Decker et al. 2016, S. 176–177). Im Sinne einer kompetenzorientierten Ermöglichungsdidaktik sind sie oftmals in den Prozess der Arbeit eingebettet und nutzen hierbei Wartezeiten als Lernphasen (Petermandl 2014, S. 25; Sauter & Sauter 2013, S. 53). Im Rahmen von einem Workplace Learning ist Microlearning am individuellen Bedarf der Lernenden orientiert, mit dem Vorteil der Orts- und Zeitunabhängigkeit, was zu der Möglichkeit eines allgegenwärtigen Microlearning führt (Erpenbeck et al. 2016, S. 8; Ettl-Huber 2020, S. 18). Die Bildungsbedarfe, welche durch Microlearning gedeckt werden können, sind dementsprechend vielfältig. Microlearning fördert zwar v. a. fachliche Kompetenzen, unterstützt jedoch gleichzeitig die Entwicklung von methodischen, personalen und sozi-al-kommunikativen Kompetenzen, wie auch die Aktivitäts- und Handlungskompetenz (Petermandl 2014, S. 26).

Prinzipiell sind Microlearning-Einheiten, u. a. aufgrund ihrer Kürze, für alle Lernenden geeignet. Die Inhalte kön-nen für neue oder zurückkehrende Mitarbeiter/-innen als Wiederholung oder Vertiefung, bspw. im Rahmen der

Einarbeitung, dienen. Langjährige Mitarbeitende profitieren von Microlearning durch die Anwendung on demand
bei Herausforderungen oder Problemen im Arbeitsprozess (ArgenturQ 2019, S. 7). Das unmittelbare Feedback,
die kurze Lernspanne und die große Auswahl an Formatarten motiviert v. a. lernentwöhnte und/ oder zurückhal-
tende Personen zur eigenständigen Wissenserweiterung
(ebd.).

In der Praxis findet sich das Lernformat des Microlearning
hauptsächlich im Rahmen von Qualifizierungen als autonome Bausteine (z. B. in Form von Podcasts), als kurzfristig initiiertes Lernen (über bspw. tägliche kurze Wis-
senseinheiten per Instant-Messaging-Dienst[7]), eingebettet
in Blended-Learning-Arrangements (wie ein Quiz als Wiederholung) oder im Rahmen von informellem Lernen
(Sauter & Sauter 2013, S. 163). Microlearning kann somit
im formalen, wie auch im non-formalem und informellem
Kontext zum Einsatz kommen, wobei die informelle Anwendung am Arbeitsplatz überwiegt. Microlearning-
Einheiten werden hier bspw. arbeitszeit- oder arbeitsprozessintegriert angeboten (Ettl-Huber 2020, S. 18). Damit
kann Microlearning „... als Teil eines umfassenden Lern-
konzeptes verstanden werden – aber auch als Ergän-

---

[7] Ein Instant-Massaging-Dienst (IM) ermöglicht eine sofortige Übermitt-
lung von Nachrichten. Ein bekanntes Beispiel für einen IM-Dienst ist
WhatsApp (Medienanstalt Rheinland-Pfalz 2021, o. S.).

zung, die im ursprünglichen Lehrplan in dieser Weise nicht vorgesehen war" (Lorenz 2010, S. 4).

Trotz der vielfach suggerierten Vorteile von Microlearning muss kritisch festgehalten werden, dass das Lernen nach diesem Format einige Voraussetzungen und Herausforderungen mit sich bringt. Das Lernen mit digitalen Formaten erfordert bspw. eine entsprechende Medienkompetenz (Sammet & Wolf 2019, S. 13; Müssig 2020a, S. 42). Gleichzeitig können Kompetenzen entwickelt und angeeignet, aber nicht vermittelt werden, was eine Lernbereitschaft von Seiten der Lernenden voraussetzt (Sauter & Sauter 2013, S. 25). Diese kann durch eine abwechslungsreiche Gestaltung der Inhalte (, z. B. durch die Verwendung verschiedener Formate,) und ein unmittelbares Feedback gesteigert werden (Baumgartner 2013, S. 24–25).

Der Vorteil, die Kürze des Formats, birgt zugleich die Gefahr, einer oberflächlichen Aufnahme der dargebotenen Inhalte (Hasenbein 2020, S. 75). Damit die Lerninhalte selbstorganisiert angeeignet werden können, müssen diese an das Vorwissen anknüpfen, auf die Zielgruppe angepasst und didaktisch reduziert sein (Rensing & Després 2018, S. 1). Komplexe Sachverhalte und Zusammenhänge eigenen sich hierbei nicht (ArgenturQ 2019, S. 7). Gleichzeitig müssen die Rahmenbedingungen mikrolernförderlich gestaltet sein, bspw. die zum Lernen verwendeten Tablets funktionsfähig (Baumgartner 2013, S. 24–25).

Dadurch, dass Microlearning-Einheiten von den Lernenden selbst erstellt werden können und diese oft auf Erfahrungswissen beruhen, gilt es zu hinterfragen, inwieweit die Inhalte valide sind. Eine pädagogische und inhaltliche Begleitung bei der Erarbeitung der Inhalte durch bspw. Fachpersonen ist dementsprechend anzuraten (ArgenturQ 2019, S. 7).

Festzuhalten gilt: Microlearning setzt Wissen und Kompetenzen voraus, wodurch dieses Lernformat „… keine umfassende, komplette Lösung für die Qualifizierung von Mitarbeitern…" (Müssig 2020b, S. 53) darstellt, sondern lediglich bereits bestehende Bildungsmaßnahmen ergänzt. Die Kombination mit Macrolearning erscheint, v. a. im Rahmen von Social Blended Learning, durchaus sinnvoll.

Es ist davon auszugehen „…, dass sich der seit Jahren bestehende Trend zum Lernen im Prozess der Arbeit auf absehbare Zeit fortsetzt und damit auch die Bemühungen um eine lern- und kompetenzförderliche Arbeitsgestaltung" (Dehnbostel 2008, S. 8). Eine Möglichkeit, um die Motivation der Lernenden in Zukunft weiter zu steigern, ist der Einbezug von „…Gemeinschafts- und Wettbewerbsspielen … [in] Lernprozesse im Microlearning-Kontext…"

(Baumgartner 2013, S. 24–25). Diesen Ansatz gilt es in weiteren Untersuchungen näher zu betrachten.

Mithilfe der beschriebenen theoretischen Erkenntnisse lässt sich die Fragestellung, welche Bildungsbedarfe mit Microlearning wie gedeckt und adressiert werden, beantworten.

Ob und inwieweit Microlearning den Anforderungen und Bildungsbedarfen von Pflegenden im ambulanten Bereich gerecht werden kann, wird in den folgenden Kapiteln eruiert.

3 Anforderungs- und Bildungsbedarf in der betrieblichen Weiterbildung am Beispiel der ambulanten Pflege

Der Anforderungs- und Bildungsbedarf von Pflegenden im Bereich der ambulanten Pflege ist individuell. Dennoch gibt es rechtliche Vorgaben, die es durch die Pflegenden zu erfüllen gilt. Gleichzeitig lassen sich allgemeine Anforderungen und mögliche Bildungsbedarfe anhand des Aufgabenfeldes ableiten.

3.1 Anforderungs- und Bildungsbedarf der Pflegenden im ambulanten Bereich abgeleitet aus den rechtlichen und bildungspolitischen Rahmenbedingungen

Der Anforderungs- und Bildungsbedarf in der betrieblichen Weiterbildung ergibt sich u. a. aus den spezifischen rechtlichen und bildungspolitischen Rahmenbedingungen des Arbeitsbereiches. In der ambulanten Pflege arbeiten hauptsächlich Gesundheits- und Krankenpfleger/-innen, Altenpfleger/-innen, Gesundheits- und Kinderkrankenpfleger/-innen sowie die entsprechenden Helferberufe, bspw. Altenpflegehelfer/-innen (Destatis 2020, S. 39). Diese Berufsgruppen werden vom deutschen Qualifikationsrahmen für lebenslanges Lernen (DQR) auf Niveaustufe 4 eingruppiert (DQR 2020, S. 20-21, 25). Der DQR gilt als „… ein über alle Bereiche greifendes Vergleichssystem…" (Schmidt & Herstix 2012, S. 17), welches die Qualifikationen aus verschiedenen Bildungsbereichen „… nach den tatsächlich vermittelten Kompetenzen…" (ebd.) beschreibt. Ziel des DQR ist es, transparent zu machen, was eine Person nach Abschluss eines (Aus-) Bildungsprogramms kann und welche Kompetenzen erworben wurden (ebd.).

Für die Ermittlung des Anforderungs- und Bildungsbedarfs von Pflegenden in der ambulanten Pflege ist es wichtig, vorher zu wissen, welche Kompetenzen sie durch ihre Ausbildung bereits besitzen (bzw. besitzen sollten), um dieses Niveau durch die betriebliche Weiterbildung zu halten bzw. zu erhöhen.

Laut DQR (2011) verfügen Personen, welche wie Pflegende, in die Niveaustufe 4 eingruppiert sind, „über Kompetenzen zur selbstständigen Planung und Bearbeitung fachlicher Aufgabenstellungen in einem umfassenden, sich verändernden Lernbereich oder beruflichen Tätigkeitsfeld…" (S. 6). Der DQR definiert Kompetenz als umfassende Handlungskompetenz, welche neben Fachkompetenz, unterteilt in Wissen und Fertigkeiten, personale Kompetenzen, bestehend aus Sozialkompetenz und Selbstständigkeit, voraussetzt (Schmidt & Herstix 2012,

S. 19). Die Inhalte dieser Kompetenzen laut Niveaustufe 4 finden sich in Anhang 9.1.

Die genannten Kompetenzen stellen die Grundlage für die Arbeit in der ambulanten Pflege dar, welche es kontinuierlich zu fördern gilt. Dennoch gibt es in der Bundesrepublik bisher keine einheitlich gesetzlich festgelegte Fortbildungspflicht (Hackmann 2005, S. 43).

In §2a Abs. 1 des Gesetzes über die Weiterbildung und Fortbildung in den Fachberufen des Gesundheitswesens (WBGesG) beruft sich bspw. Brandenburg auf die Verpflichtung von Gesundheits- und Krankenpflegern /-innen, „… sich entsprechend der Richtlinie 2005/36/EG des Europäischen Parlaments und des Rates vom 7. September 2005 über die Anerkennung von Berufsqualifikationen …, die zuletzt durch die Richtlinie 2013/25/EU des Rates vom 13. Mai 2013 … geändert worden ist…" (§2a Abs. 1 WBGesG) fortzubilden.

Doch auch wenn es keine einheitlich formulierte Fortbildungspflicht von gesetzlicher Seite aus gibt, tragen die Pflegenden im Rahmen des beruflichen Selbstverständnisses eine Verantwortung hinsichtlich der Aktualisierung des Wissens. Der ICN-Ethikkodex, welcher als ethische und moralische Handlungsrichtlinie dient, sieht die Verantwortung und Rechenschaftspflicht für die Ausübung des pflegerischen Berufes bei den Pflegenden. Hierzu zählt die kontinuierliche Fortbildung, um einen aktuellen

Stand des Fachwissens zu gewährleisten (ICN 2014, S. 2). Dies setzt auch §11 Abs. 1 S. 1 SGB XI voraus, indem es Pflegeeinrichtungen verpflichtet, die zu pflegenden Menschen nach „... dem allgemein anerkannten Stand medizinisch-pflegerischer Erkenntnisse" zu versorgen.

Laut SGB XI §71 Abs. 1 handelt es sich bei ambulanten Pflegediensten um „... selbstständig wirtschaftende Einrichtungen, die unter ständiger Verantwortung einer ausgebildeten Pflegekraft Pflegebedürftige in ihrer Wohnung pflegen und hauswirtschaftlich versorgen".

Neben der durch SGB XI geregelten Grundpflege, wie körperbezogene Pflegemaßnahmen (Körperpflege, Unterstützung bei der Nahrungsaufnahme, ...), Beratung und pflegerische Betreuungsmaßnahmen (z. B. Alltagsgestaltung), übernehmen die Pflegenden Leistungen der gesetzlichen Krankenversicherung nach §37 SGB V, wie Verbandswechsel oder Medikamentengabe (BMG 2021, S. 50–51). Hierfür treffen ambulante Pflegedienste vertraglich verpflichtende Vereinbarungen mit den Krankenkassen, welche nach §132a SGB V „Maßnahmen zur Qualitätssicherung und Fortbildung" enthalten müssen.

Laut §18a Abs. 1 Fort- und Weiterbildung des Rahmenvertrages gemäß §§ 132 und 132a SGB V ist „der Pflegedienst ... verpflichtet, die erforderliche fachliche Kompetenz der Pflegefachkräfte, die Behandlungspflege im

Rahmen dieses Vertrages erbringen und Pflegekräfte die im Rahmen der Grundpflege Leistungen erbringen, durch spezifische Fortbildungen sicherzustellen" (vdek o. J., S. 11).

Gleichzeitig wird ein Verhandlungsvertrag mit den Pflegekassen abgeschlossen, wodurch sich die ambulanten Pflegedienste nach §112 SGB XI Abs. 2 zur Umsetzung eines einrichtungsinternen Qualitätsmanagements verpflichten. Der Medizinische Dienst der Krankenkassen (MDK) ist für die Überprüfung der Einhaltung der Qualitätsstandards zuständig und kann bei Mängeln Sanktionen verhängen oder, falls erforderlich, die betroffene Pflegeeinrichtung, schließen lassen (Geraedts et al. 2011, S. 185).

In der Prüfanleitung zum Erhebungsbogen zur Prüfung der Qualität nach den §§ 114 ff. SGB XI des GKV-Spitzenverbandes befasst sich eine Kategorie mit dem Fortbildungsplan. Das Kriterium, ob es einen Fortbildungsplan gibt, welcher sicherstellt, dass alle Pflegenden in die Fortbildungen einbezogen werden, gilt laut der Anleitung als erfüllt, „wenn ein prospektiver Fortbildungsplan in schriftlicher Form vorliegt und gleichzeitig eine Regelung dokumentiert wurde, die die Einbeziehung aller in der Grund- und/oder Behandlungspflegetätigen Mitarbeiter an Fortbildungen vorsieht" (GKV-Spitzenverband 2017, S. 19). Zudem gilt das Kriterium als erbracht, „wenn die

Feststellung dokumentiert wurde, dass eine Fortbildung für den Planungszeitraum für bestimmte Mitarbeiter nicht erforderlich ist, z. B. weil sie auf dem aktuellen Stand des Wissens sind oder aufgrund einer unstetigen Beschäftigung oder einer längeren Abwesenheit" (ebd.). Kritisch lässt sich hierbei hinterfragen, inwieweit die Leitungspersonen erfassen können, ob die Mitarbeitenden über aktuelles Wissen verfügen und was als solches definiert wird.

Auch die Weltgesundheitsorganisation (WHO) forderte 2008 die Versorgung von Menschen in ihrem häuslichen Umfeld durch angemessene und qualitativ hochwertige gesundheitliche und soziale Dienste (Tarricone & Tsouros 2008, S. 1). Mentoren, welche über eine berufspädagogische Zusatzqualifikation verfügen und u. a. für die Anleitung für die Auszubildenden zuständig sind, haben eine Fortbildungspflicht von mind. 24 Stunden jährlich (Dorba 2020, o. S.). Solche zusätzlichen Verpflichtungen in Bezug auf die Fort- und Weiterbildung bestehen abhängig vom jeweiligen Tätigkeitsbereich.

Werden die einzelnen Aufgaben und die daraus resultierenden Anforderungen, mit welchen Pflegende im ambulanten Bereich täglich konfrontiert werden, näher betrachtet, wird deutlich, dass der Bildungsbedarf über das reine Fachwissen hinausgeht. Denn „berufliche Handlungsfähigkeit bedeutet im ambulanten Bereich, alle anfallenden

Aufgaben im Augenblick des tatsächlichen Einsatzes in ihrer Komplexität zu erfassen und Planung, Organisation und Durchführung innerhalb einer bestimmten vorgegebenen Zeit selbstständig und vollständig vornehmen zu können" (Bathke 2004, S. 114).

Diese berufliche Handlungsfähigkeit gilt es nach Berufsbildungsgesetz (BBiG) durch Fortbildungen zu erhalten und bei Bedarf anzupassen und zu erweitern (§1 Abs. 4 BBiG).

3.2 Anforderungs- und Bildungsbedarf der Pflegenden im ambulanten Bereich abgeleitet aus dem spezifischen Aufgabenbereich

Neben den gesetzlichen Verpflichtungen ergibt sich der Fort- und Weiterbildungsbedarf von Pflegenden im Setting der ambulanten Pflege aus deren alltäglichen Aufgaben. Diese gewinnen, durch bspw. die Zunahme von multimorbiden Erkrankungen, zunehmend an Komplexität. Eine Weiterentwicklung der Kompetenzen durch Fort- und Weiterbildung ermöglicht nicht nur eine qualitativ hochwertige pflegerische Versorgung, sondern gilt, laut Studien, auch als entscheidender Indikator für die Arbeitszufriedenheit von Pflegenden (Lipusch 2010, S. 25).

Arbeitsorganisatorisch unterscheidet sich die Arbeit in der ambulanten Pflege von der im Krankenhaus. So werden bspw. die zu Pflegenden bei der Versorgung durch einen ambulanten Pflegedienst auf verschiedene Touren aufgeteilt. Die Touren sind je nach Arbeitsaufkommen unterschiedlich lang und erst abgeschlossen, wenn alle Aufgaben von der zuständigen Pflegeperson erledigt wurden. Somit gibt es in der ambulanten Pflege, zeitlich gesehen, kein festes Arbeitsende. Zudem können sich die Touren durch bspw. Kundenabsagen kurzfristig ändern. Dies erfordert von den Pflegepersonen eine hohes Maß an Flexibilität (Bathke 2004, 137ff.). Gleichzeitig setzen viele ambulante Pflegedienst einen Führerschein voraus, da die Wohnungen der zu pflegenden Menschen (innerhalb der vorgegebenen Zeit) oftmals nur mit dem Auto zu erreichen sind (Stadtler 2009, S. 35).

Auf der jeweiligen Tour arbeiten die Pflegepersonen zumeist allein, was eine hohe Eigenverantwortung erfordert. Einschätzungen zum Gesundheitszustand müssen eigenständig vor Ort getroffen werden, weshalb eine hohe Fachkompetenz für die Arbeit in der ambulanten Pflege erforderlich ist (Bleses & Jahns 2015, S. 54).

Im Gegensatz zur Arbeit im Krankenhaus, bei welcher Aufgaben auf verschieden Pflegepersonen verteilt werden können, übernehmen Pflegende im ambulanten Bereich eine Vielzahl an Tätigkeiten. Zu den umfangreichen Aufgaben gehören neben Grund- und Behandlungspflege auch hauswirtschaftliche Tätigkeiten (Stadtler 2009, S. 30–31).

Die Koordination und Organisation der Pflegearbeit, wie bspw. die Tourenplanung, erfolgt häufig digital. „Das Abarbeiten der vorbereiteten Touren stellt den Arbeitsablauf für das Pflegepersonal dar" (Roth & Groß 2018, S. 62). Wurden Leistungen erbracht, werden diese digital dokumentiert. Hierbei kommen zumeist digitale Endgeräte, wie Smartphones oder Tablets, zum Einsatz. Da „... immer mehr Pflegeunternehmen auf den Einsatz digitaler Technik zur Optimierung ihrer Geschäftsprozesse" (Kludig & Friemer 2020, S. 117) setzen, erfahren technische und digitale Kompetenzen einen Bedeutungszuwachs.

Durch eine hohe Teilzeitquote, Schichtarbeit und das Einspringen in Krankheitsfällen kommt es häufiger zu wechselnden Touren, was Selbstorganisation und Anpassungsvermögen voraussetzt. Auch die Versorgung neuer Klienten/-innen und Pflegetätigkeiten, welche selten ausgeführt werden, stellen Anforderungen mit einhergehenden Bildungsbedarfen in diesem Berufsfeld dar (Bleses & Jahns 2016, S. 131, 2016, S. 135).

Für die ambulante Pflege ist auch das Vertragsverhältnis zu den zu Pflegenden spezifisch. Diese sind zahlende Kunden/-innen, welche entsprechende Leistungen erwarten. Zudem findet die Pflege im ambulanten Bereich im Zuhause der zu pflegenden Menschen statt, während im

Krankenhaus die Hilfsbedürftigen ‚zu Gast' sind (Hermann 2014, S. 10–11). Dort treffen die Pflegepersonen nicht nur auf ihre Klienten/ -innen, sondern auch auf bspw. Angehörige. Sozial-kommunikative Kompetenzen spielen nicht nur im Umgang mit diesen, sondern auch in der interdisziplinären Zusammenarbeit mit bspw. Ärzten und Therapeuten eine wichtige Rolle (Stadtler 2009, S. 31).

Durch den oftmals langen Versorgungszeitraum können intensive Bindungen zwischen Pflegepersonen und zu pflegenden Menschen entstehen, welche, ebenso wie der beständige Umgang mit Krankheit und Tod, psychische Anforderungen an die betreffende Pflegeperson stellen (Pöser & Bleses 2018, S. 9; Bathke 2004, 123ff.).

Sprachliches Ausdrucksvermögen wird in der ambulanten Pflege nicht nur bei der Dokumentation von Pflegehandlungen verlangt, sondern auch in Bezug auf die Übergabe. Im Gegensatz zum Krankenhaus und Altenheim werden Informationen im ambulanten Bereich nämlich in der Regel nicht mündlich, sondern oftmals in Form eines Übergabebuches, übermittelt (Pöser & Bleses 2018, S. 10).

Die hier beispielhaft beschriebenen theoretischen Grundlagen spiegeln nicht unbedingt den Anforderungs- und Bildungsbedarf des Einzelnen wider, denn Bildungsbedarf ist „… nicht ‚offen Zutageliegendes', was fertig und abruf-

bereit in irgendwelchen Datenquellen bereitliegt…" (Müller
& Stürzl 1992 zit. n. Gieseke 2008, S. 35). Vielmehr handelt es sich beim Bildungsbedarf, durch die notwendige
Berücksichtigung der subjektiven Potentiale der Lernenden, um eine „… qualitative… potential- und gestaltungs-
orientierte… Größe" (ebd.), welche es zu eruieren gilt.

4 Anforderungs- und Bildungsbedarf im Setting der ambulanten Pflege – Methodik der empirischen Untersuchung

Die Beantwortung der Forschungsfragen und ein damit verbundener Erkenntnisgewinn ist anhand einer Literaturrecherche nur begrenzt möglich, da Microlearning im Bereich der Pflege erst seit wenigen Jahren zum Einsatz kommt. Ein Beispiel hierfür ist das One Minute Wonder, welches zunehmend in den Krankenhäusern in Deutschland implementiert wird (Krüger & Mannebach 2021, o. S.). Das Setting der ambulanten Pflege unterscheidet sich jedoch grundlegend von dem der Akutpflege (siehe dazu Kapitel 3.2).

Das intendierte Erkenntnisinteresse dieser Arbeit besteht darin, die Anforderungen und Bildungsbedarfe von Pflegenden im ambulanten Bereich zu eruieren, um anschließend zu erörtern, inwieweit Microlearning in diesem speziellen Setting umgesetzt werden kann bzw. ob eine Implementation überhaupt sinnvoll erscheint. Zur Identifikation der individuellen Anforderungen und Bildungsbedarfe ist die Erhebung subjektiver Wahrnehmungen und Kontexte notwendig, was ein offenes und flexibles Vorgehen erfordert. Aus diesem Grund folgt diese Arbeit einem qualitativen Forschungsdesign, denn „qualitative Forschung zeichnet sich ... dadurch aus, dass sie ihre Fragestellungen, Konzepte und Instrumente in Interaktion mit dem Forschungsfeld immer wieder überprüft und anpasst" (Przyborski & Wohlrab-Sahr 2014, S. 121).

Zudem ergibt sich die Wahl des qualitativen Ansatzes aus dem Prinzip der Offenheit als zentraler Moment gegenstandsbezogener Forschung. Mithilfe dieses Prinzips möchte qualitative Forschung, unter Berücksichtigung subjektiver Konstruktionen, das Neue und Unbekannte im Untersuchungskontext beleuchten (Flick et al. 2015, S. 17).

Das in dieser Arbeit verwendete Verfahren der Einzelfallstudie zeichnet sich durch eben diese Offenheit und einen eher deskriptiven und interpretativen Charakter im Feld der qualitativen Analysen aus (Mayring 2015, S. 23). Der untersuchte Fall ist ein ambulanter Pflegedienst, in welchem die Anforderungen und Bildungsbedarfe der Pflegenden exemplarisch erhoben wurden.

Im Rahmen der Analyse wurde eine qualitative Inhaltsanalyse nach Mayring durchgeführt. Dazu wurde der Ansatz einer inhaltlichen Strukturierung angewendet. Eine wissenschaftliche Arbeit wird durch die Darstellung des Forschungsprozesses nachvollziehbar strukturiert. Um den Gütekriterium der Nachvollziehbarkeit Rechenschaft zu tragen, wurde der Forschungsablauf bereits in der Einleitung grafisch dargestellt (siehe Abbildung 1).

In den folgenden Kapiteln werden die einzelnen Schritte konkretisiert, indem die Erhebung, Aufbereitung und Auswertung der gewonnenen Daten dargestellt und begründet werden. Zusätzlich erfolgt eine Einschätzung der vorliegenden Arbeit bzgl. ihrer Gütekriterien. In Kapitel 4.5 wird das methodische Vorgehen kritisch reflektiert.

4.1 Erhebung des Anforderungs- und Bildungsbedarfs der Pflegenden im ambulanten Bereich

Daten können auf unterschiedliche Art und Weise gewonnen werden. Im Bereich der qualitativen Forschung bieten sich hierfür u. a. standardisierte Befragungen (z. B. telefonische Befragungen, Online-Befragungen) oder offene Befragungen, wie narrative Interviews oder Gruppendiskussionen, an (Baur & Blasius 2019, S. XVI-XVII).

Im Rahmen dieser Arbeit wurden die Daten mithilfe von Leitfadeninterviews erhoben, da diese sich für „... die persönliche Perspektive der Interviewten und ihre Erfahrungen mit dem zu untersuchenden Phänomen" (Baur & Blasius 2014, S. 53) interessieren.

Feldzugang und Rekrutierung der zu interviewenden Personen

Der ambulante Pflegedienst, in welchem die Datenerhebung stattgefunden hat, ist der Autorin bereits durch ihre berufliche Tätigkeit in der Gesundheits- und Krankenpflege bekannt. Zudem ist dieser Dienst ein Kooperationspartner der aktuellen Arbeitsstelle, einem Bildungszentrum für Gesundheitsberufe.

Es wurden sowohl Befragungen mit den Leitungspersonen (Pflegedienstleitung (PDL) und Stellvertretung), als auch mit den Pflegenden geplant.

Nachdem eine telefonische Kontaktaufnahme scheiterte, wurde die PDL per E-Mail über das Vorhaben aufgeklärt und um Mithilfe der Pflegenden gebeten. Die PDL stimmte nach Absprache mit der Geschäftsführung des Unternehmens den Interviews zu.

Bei einem persönlichen Kennenlernen wurden vorläufig drei Interviewtermine vereinbart. Die Termine wurden so gewählt, dass sie am Tourenende der Pflegenden liegen und sich somit gut in den Arbeitsalltag integrieren lassen. Die zu interviewenden Personen wurden unter Beachtung der Einschlusskriterien von der PDL in Rücksprache mit der Autorin festgelegt.

Einschlusskriterien

Zu Beginn der Datenerhebung wurden Einschlusskriterien festgelegt, die unabhängig von der Funktion der Personen im Unternehmen bestehen:

- Abgeschlossene Ausbildung zur Pflegefachkraft (Gesundheits- und Krankenpflege, Altenpflege, Gesundheits- und Kinderkrankenpflege, Heilerziehungspflege) oder

abgeschlossene Ausbildung zur Pflegehilfskraft (Gesundheits- und Krankenpflegehilfe, Altenpflegehilfe, Heilerziehungsassistent/-in),

- Festanstellung im Unternehmen,
- Abgeschlossene Probezeit und eine damit verbundene Betriebszugehörigkeit von mind. sechs Monaten.

Der Verlust von Informationen, die evtl. aus der Befragung von Mitarbeitenden gewonnen worden wären, die nicht die Einschlusskriterien erfüllen, wird vertreten. Der Aspekt einer abgeschlossenen Berufsausbildung der oben genannten Pflegebereiche ergibt sich aus der Tatsache, dass ausschließlich deren Anforderungs- und Bildungsbedarf im Rahmen dieser Arbeit untersucht werden soll. Aus diesem Grund wurden bspw. Auszubildende in diesem Kontext nicht berücksichtigt.

Das Kriterium der Festanstellung im Unternehmen wurde gewählt, da Aushilfskräfte häufig nicht bei der Planung und Umsetzung von Fort- und Weiterbildungsangeboten berücksichtigt werden bzw. deren Fort- und Weiterbildungen bei ihrem Hauptarbeitgeber stattfinden.

Die abgeschlossene Probezeit und eine hiermit verbundene Betriebszugehörigkeit von mind. sechs Monaten ist entscheidend, da somit davon ausgegangen werden kann, dass die Pflegenden bereits an Fort- und Weiterbildungen teilgenommen haben und die betrieblichen Rahmenbedingungen bzgl. des Lernens einschätzen können.

Erhebungsinstrument und Interviewleitfaden

Als Erhebungsinstrument wurden semi-strukturierte Leitfäden gewählt. Bei dieser Art der Erhebung kann die Reihenfolge der Fragen dem Gesprächsverlauf angepasst und die Fragen, bei Bedarf (z. B. bei Verständnisproblemen), umformuliert werden. Zudem wird zwar im Vorfeld ein Fragenkatalog erstellt, jedoch sind keine Antwortmöglichkeiten vorgegeben. Die Leitfäden dienen als Grundgerüst und sorgen somit für eine gewisse Vergleichbarkeit der Interviews (Döring & Bortz 2016b, S. 372; Hussy et al. 2013, S. 225). Die Methode des Leitfadeninterviews eignet sich v. a. dann, wenn bereits Erkenntnisse über den Untersuchungsgegenstand bestehen. Der theoretische Hintergrund gibt die Struktur der Leitfäden vor (Hussy et al. 2013, S. 227). Der Leitfaden knüpft somit an bereits vorhandenes Wissen an, „… was bedeutet, dass das Prinzip der Offenheit und möglichst großen Unvoreingenommenheit der qualitativen Sozialforschung hier nur begrenzt eingehalten wird. In diesem Punkt folgt das Leitfadeninterview eher der quantitativen Forschungslogik" (Vogt & Werner 2014, S. 10).

Es wurde auf eine offene Fragetechnik geachtet, damit subjektive Sichtweisen erfasst werden können, was wiederum für eine qualitative Forschungslogik spricht (ebd.). Somit handelt es ich bei einem Leitfadeninterview um ein systematisches und zu gleich flexibles Instrument, da es vorgegebene Aspekte mit spontanen Nachfragen kombiniert (Hussy et al. 2013, S. 225).

Im Fokus der Interviews stand die Erhebung des Anforderungs- und Bildungsbedarfs von Pflegenden im Setting der ambulanten Pflege. Da Führungspersonen einen anderen Blickwinkel auf die Anforderungen und Bildungsbedarfe ihrer Mitarbeiter/-innen haben als die Betroffenen selbst, wurden zwei separate Leitfäden mit teils abweichenden Fragestellungen erstellt. In Anhang 9.2 finden sich die bereits modifizierten Leitfäden.

Formaler Aufbau der Leitfäden

Die Leitfäden wurden formal in drei Abschnitte eingeteilt. In ein WarmUp, welches noch vor Beginn der Audioaufzeichnungen erfolgte; in den Hauptteil, der mehrere Themenkomplexe umfasst und in den Abschluss, als Ausklang des Interviews.

Die Themenkomplexe und Fragenstellungen wurden auf Basis der Forschungsfragen und des, vom theoretischen Hintergrund abgeleiteten, Kategoriensystem erstellt (Vogt & Werner 2014, S. 24). Während der Durchführung der

Interviews wurde zwischen verschiedenen Fragetypen variiert. Die in der qualitativen Forschung am häufigsten verwendete Form sind Erzählaufforderungen (ebd.). Diese offene Fragenform hilft, die wesentlichen Anforderungen an einen Leitfaden zu erfüllen:

- Offenheit: Die Befragten dürfen durch die Fragestellung nicht in ihren Antworten eingeschränkt oder geleitet werden;
- Übersichtlichkeit: Der Leitfaden sollte möglichst übersichtlich gestaltet sein, da „zu viele Fragen ... die für das Generieren von Texten notwendige Erzählzeit" (Helfferich 2019, S. 677) beschränken könnten.
- Anpassung auf den Erzählfluss: Der Leitfaden sollte sich der Logik der Erzählungen anpassen; die aneinandergrenzenden Themen dementsprechend aufeinander abgestimmt sein und abrupte Themenwechsel möglichst vermieden werden (ebd.).

Um narrative Anreize zu schaffen, wurden in den entworfenen Leitfäden offene Fragestellungen präferiert. Erzählimpulse (z. B. „Beschreiben Sie bitte, wie sich die Fort- und Weiterbildungssituation der Pflegenden in Ihrem Unternehmen gestaltet."[8]) wurden durch weitere Teilfragestellungen ergänzt, um bei nicht erschöpfenden Antworten oder dem Fall, dass das Interview ins Stocken gerät, gezielt reagieren zu können. In den Interviews wurden

---

[8] Beispiel aus dem Interviewleitfaden der Leitungspersonen

deshalb bspw. Steuerungsfragen, welche ein zu starkes Abdriften vom eigentlichen Thema vermeiden sollen, eingesetzt (z. B. „Haben Sie Beispiele hierfür?"[9]). Weitere Fragetypen, welche in den Leitfäden angewendet wurden, sind bspw. Aufrechterhaltungsfragen und Paraphrasen (Vogt & Werner 2014, S. 26).

In der Fragenkonstruktion wurde konsequent auf eine klare und einfache Formulierung geachtet. Fragen und Begriffe wurden im Vorfeld neutral formuliert und in der Interviewsituation möglichst wertungsfrei beibehalten. Fremdwörter oder Fachbegriffe, sowie Füllwörter, wurden vermieden bzw. in einfachen Worten umschrieben. Anstatt bspw. direkt nach der Fach- und Methodenkompetenz zu fragen, wurde diese mithilfe von Wörtern wie „Vorhandensein von Fachwissen"[10], „Planungs- und Organisationstalent"[10] oder „eigenständiges, systematisches Lösen von Problemen"[10] umschrieben. Hierdurch wurde das Sprachniveau der Zielgruppe angepasst.

Während der Interviews wurde darauf geachtet, dass die zu interviewenden Personen genügend Zeit und Gelegenheit haben, über die jeweilige Antwort nachzudenken und eine eigene Position zum Thema zu entwickeln. Dies wurde mit der Bitte nach Untermauerung der Aussagen

---

[9] Beispiel aus dem Interviewleitfaden der Leitungspersonen
[10] Beispiel aus dem Interviewleitfaden der Leitungs- und der Pflegepersonen

durch Beispiele aus der Berufspraxis weiter unterstützt. Teilweise war diese Aufforderung bereits direkt in der Fragestellung formuliert.

Inhaltlicher Aufbau der Leitfäden

Inhaltlich wurden die Leitfäden in verschiedene Themenkomplexe (z. B. Rahmenbedingungen für betriebliche Weiterbildung) unterteilt. Diese wurden aus den Erkenntnissen des theoretischen Rahmens abgeleitet.

Bereits vor Interviewbeginn erfolgt ein WarmUp zur Begrüßung und als Hinführung zum Interviewthema. Hierbei wird u. a. darauf aufmerksam gemacht, dass es weder falsche noch richtige Antworten gibt und unangenehme Fragenkomplexe auf Wunsch ausgespart werden können. Gleichzeitig wird das Einverständnis für die Tonbandaufnahme erbeten und eine Interviewvereinbarung ausgefüllt (siehe Anhang 9.3). Darin wird den Teilnehmenden Anonymität zugesichert, was „aus forschungsethischen und datenschutzrechtlichen Gründen..." (Vogt & Werner 2014, S. 38) bedeutsam ist. Zugleich wird der weitere Umgang mit der Audioaufzeichnung in elementaren Zügen dargestellt und für die Bereitschaft zum Interview gedankt.

Der Vorteil einer Tonaufzeichnung liegt in der präzisen und authentischen Erfassung des Kommunikationsprozesses. Die Aufzeichnung ermöglicht eine Rekonstruktion bzw. Analyse der Inhalte. Zudem können sich die Inter-

viewenden besser auf die Gesprächssituation konzentrie-
ren (Witzel 2000, o. S.).

Nach dem mündlichen und schriftlichen Einverständnis
werden die soziodemografischen und unternehmensbezogenen Daten mit Blick auf das Erkenntnisinteresse erhoben. Ein solcher Einstieg dient zur Herstellung einer
kommunikativen Beziehung und dem gegenseitigen Kennenlernen (ebd.). In den weiteren Themenkomplexen unterscheiden sich die Fragen der Führungspersonen von
denen der Pflegenden.

Bei den Pflegenden wird mit niederschwelligen Einstiegsfragen mit unmittelbarem Bezug auf die berufliche Tätigkeit begonnen, welche die Hinführung zum Thema er-
leichtern sollen[11]. Hierbei werden sie nach den Anforderungen, welche ihr Berufsalltag mit sich bringt und ihren
Umgang mit diesen gefragt. Auch wenn mögliche Anforderungen durch die Literaturrecherche eruiert werden
konnten, sind die Empfindungen, was als Anforderung
wahrgenommen und wie mit diesen umgegangen wird,
subjektiv, was eine Erhebung im Rahmen dieser Interviews notwendig macht.

An die Erhebung der Anforderungen anknüpfend folgt ein
Themenkomplex, bei welchem es um die Bildungsbedarfe

---

[11] Hinweis: Nach dem ersten Interview mit einer Pflegeperson wurde
der Leitfaden nochmals überarbeitet. Die folgende Darstellung der
Themenkomplexe und Fragen entspricht der überarbeiteten Version.

in der betrieblichen Weiterbildung geht. Zu diesem wird übergeleitet, indem auf die steigenden Anforderungen, durch bspw. die Zunahme der Multimorbidität und die hohen Ansprüche des MDK, aufmerksam gemacht wurde (Idler 2020, S. 49; Geraedts et al. 2011, S. 185). Die Pflegenden werden gebeten, zu beschreiben und zu begründen, welche Themen und Kompetenzen ihnen im Hinblick auf ihren beruflichen Alltag als am wichtigsten erscheinen. Nach der Erhebung der Bildungsbedarfe werden im folgenden Komplex, die Rahmenbedingungen für betriebliche Weiterbildung erörtert. Hierdurch soll geklärt werden, inwieweit die gegebenen Bedingungen dazu beitragen können, den bestehenden Bildungsbedarfen gerecht zu werden. Aus diesem Grund werden die Pflegenden gefragt, inwieweit Lernen am Arbeitsplatz möglich ist, um bspw. die zeitlichen und technischen Ressourcen besser einschätzen zu können. Hierbei wird u. a. auf die individuellen Qualifikationen und Stärken der Einzelnen und deren Kollegen/-innen eingegangen.

In zwei Sätzen wird zum letzten Themenkomplex übergeleitet, welcher sich mit individuellen Lernverhalten der zu interviewenden Personen beschäftigt. Diese werden gebeten, zu schildern, welche Darbietungsformen die bisher besuchten Fort- und Weiterbildungen hatten (bspw. Blended Learning, E-Learning) und welche ‚Art' von Fort- und Weiterbildung sie bevorzugen. Diese Klärung ist wichtig, um bspw. einschätzen zu können, ob Microlearning, sollte es in der ambulanten Pflege implementiert werden, von den Pflegenden genutzt werden würde und um zu erfahren, in welcher Form es zur Verfügung gestellt werden sollte (z. B. digital oder analog). Zudem werden die Pflegenden aufgefordert, ihr eigenes Lernverhalten zu reflektieren. Dabei sollen sie bspw. auf die Verwendung von Lernmitteln und auf ihr Vorgehen, um an Wissen zu gelangen, beschreiben. Die letzte Frage wird angekündigt, damit sich die Pflegenden gedanklich auf den Abschluss des Interviews vorbereiten können.

Unmittelbares Feedback und didaktische Interaktion sind Kernmerkmale von Microlearning (Baumgartner 2014, S. 20–21). Aus diesem Grund bezieht sich die letzte Fragestellung auf diesen Bereich, indem erörtert werden soll, wie wichtig den Pflegenden eine unmittelbare Rückmeldung auf ihr Gelerntes ist und welche Arten von Rückmeldung sie bereits selbst erlebt haben.

Die Interviews schließen mit einer Bilanzierung ab. In dieser werden die zu interviewenden Personen nach Inhalten gefragt, welche zu diesem Zeitpunkt noch keine Beachtung fanden, jedoch für den Einzelnen/ die Einzelne wichtig erscheinen und thematisiert werden sollten.

Bei den Interviews mit den Leitungspersonen folgt auf die Erhebung der soziodemografischen und unternehmensbezogenen Daten der Einstieg durch die Ermittlung der Fort- und Weiterbildungssituation der Pflegenden im Unternehmen. Die Fort- und Weiterbildungspflicht gestaltet sich im ambulanten Pflegebereich unterschiedlich, wobei es verschiedene gesetzlich Vorgaben gibt, deren Einhaltung u. a. durch den MDK überprüft werden (GKV-Spitzenverband 2017, S. 19).

Als nächster Themenkomplex folgt die Erörterung der betrieblichen Rahmenbedingungen im Hinblick auf Lernmöglichkeiten für die Pflegenden. Hierbei werden u. a. zeitliche und finanzielle Gegebenheiten erfragt, um bspw. zu ermitteln, ob es Wartezeiten gibt, die für Microlearning-Einheiten genutzt werden können.

Anschließend werden die Leitungspersonen bzgl. der Bildungsbedarfe befragt. Sie werden dazu aufgefordert, zu beschreiben, welche Kompetenzen aus ihrer Sicht für die Arbeit in der ambulanten Pflege notwendig sind und welchen Stellenwert Themen, wie das eigenständige und systematische Lösen von Problemen, einnehmen. Obwohl bereits anhand der Literaturrecherche von einer hohen Eigenverantwortung der Pflegenden ausgegangen werden kann, ist eine Einschätzung der Experten/-innen vor Ort zur Bestätigung sinnvoll (Bleses & Jahns 2016, S. 133).

Als Überleitung zu den letzten Fragen dient der Hinweis auf eine bundesweite Befragung von 2019 des Zentrums für Qualität in der Pflege (ZQP), wodurch der vorherrschende Personalmangel in der Pflege und das damit verbundene Risiko in punkto Patientensicherheit nochmals deutlich wurden (Stiftung ZQP 2021, o. S.). Dem gegenüber werden die hohen Qualitätsanforderungen des MDK gestellt (Geraedts et al. 2011, S. 190).

Im Interview bekommen die Leitungspersonen die Aufgabe sich vorzustellen, dass die Rahmenbedingungen für das Lernen am Arbeitsplatz optimal sind und es genügend Personal, finanzielle und zeitliche Ressourcen gibt. Daraufhin sollen sie beschreiben, wie sie das Lernen im Unternehmen unter idealen Rahmenbedingungen gestalten würden bzw. wie eine Unterstützung für die Pflegenden in Bezug auf das Lernen aussehen könnte. Abschließend wird, wie auch bei den Pflegenden, um eine Einschätzung der Wichtigkeit der Ergebnissicherung des Erlernten gebeten.

Zum Ende des Interviews wird auf die Möglichkeit der Ergänzung von wichtigen fehlenden Aspekten aufmerksam gemacht und nochmals für die Teilnahme gedankt.

Pretest

Nach Erstellung der Interviewleitfäden wurden diese einem Pretest unterzogen. Der Pretest soll u. a. Aufschluss über die Formulierung, Konstruktion und Verständlichkeit der Fragen, sowie die ungefähre Interviewdauer, geben

(Baur & Blasius 2014, S. 50). Im Rahmen des Pretests wurden die Erhebungsinstrumente einer examinierten Gesundheits- und Krankenpflegerin, welche zugleich als Pflegepädagogin tätig ist, zur Durchsicht vorgelegt. Zudem wurde eine examinierte Gesundheits- und Krankenpflegerin, welche im ambulanten Pflegebereich arbeitet, interviewt. Da diese selbst im Setting der ambulanten Pflege tätig ist, kann sie die Fragestellungen auf Sinnhaftigkeit und Verständlichkeit überprüfen.

In Konsequenz der Pretests wurden Formulierungen überarbeitet, v. a. vereinfacht und Fachbegriffe umschrieben (bspw. Kompetenz) bzw. definiert (z. B. Blended Learning). Ursprünglich geplante Erzählanreize wurden gekürzt, um den Umfang zu reduzieren und einen eindeutigen roten Faden zu gewährleisten. Die Interviewdauer wurde von ursprünglich geplanten 15 auf 30 Minuten verlängert.

Durchführung und Erhebung

Für die Durchführung der Leitungsinterviews wurden die Pflegedienstleitung und deren Stellvertretung gewählt. Diese stehen im täglichen Austausch mit den Pflegenden und sind tw. selbst in pflegerische Tätigkeiten, wie Beratungsgespräche, involviert. Auf ein Interview mit der Geschäftsführung wurde bewusst verzichtet, da es primär um die subjektiven Anforderungen und Bildungsbedarfe der Pflegenden geht.

Es wurden fünf Pflegende als Interviewpartner/-innen gewählt, welche den Einschlusskriterien gerecht werden und zeitlich verfügbar sind. Leider musste aus organisatorischen Gründen auf ein Interview verzichtet werden, wodurch insgesamt vier Pflegende befragt werden konnten. Die vorab mit der Leitung festgelegten Termine mussten nochmals angepasst werden, da es bspw. Überschneidungen mit einer Teambesprechung gab.

Nachdem am ersten Tag die interviewte Pflegeperson durch das Interview überrascht wirkte, wurden die Leitungen darum gebeten, die betroffenen Pflegenden nochmals über die geplanten Interviews zu informieren.

Die Interviews wurden durch die Autorin persönlich vor Ort, in den Räumlichkeiten des ambulanten Pflegedienstes, durchgeführt. Dort standen an den Tagen der Interviews separate Räume zur Verfügung, so dass Störquellen weitestgehend vermieden werden konnten.

Anhand der Schlussfolgerungen aus den Pretests wurde ein zeitlicher Rahmen von ca. 30 Minuten angesetzt. Dieser wurde nicht voll ausgeschöpft. Die durchschnittliche Interviewdauer lag bei ungefähr 15 Minuten.

Zur Visualisierung der gestellten Fragen wurde allen zu interviewenden Personen der Leitfaden, während des Interviews, als Ausdruck zur Verfügung gestellt. Zur Aufzeichnung wurden zwei Audiogeräte verwendet, damit für den Fall, dass es zu einem technischen Defekt kommen sollte, ein Backup vorhanden ist. Das Einverständnis zur Aufzeichnung und Weiterverwendung wurde vor Beginn des Interviews mittels Interviewvereinbarung festgehalten. Unmittelbar nach Durchführung der Interviews wurde ein Postskript angefertigt. Dieses „... dient zum Festhalten von Eindrücken, Auffälligkeiten und Befindlichkeiten, die sich auf das Interview selbst und auf die (nicht aufgezeichnete) Zeit vor und nach dem Interview beziehen" (Mey & Mruck 2010, S. 431). Die Vorlage der für diese Arbeit verwendeten Postskripte wurde auf Basis eines bereits vorhandenen Dokuments erstellt, passend abgeändert und ergänzt (UDE 2021, S. 1).

Am ersten Tag wurden die zwei Interviews mit den Führungspersonen geführt und eine Pflegeperson interviewt. Die weiteren drei Interviews haben eine Woche später stattgefunden, so dass der Leitfaden der Pflegepersonen nochmals angepasst werden konnte.

4.2 Aufbereitung der gewonnenen Daten

Das Ziel der Datenaufbereitung liegt in einer „... Steigerung der Datenqualität" (Döring & Bortz 2016a, S. 580). Hierfür wurden die digital aufgenommenen Interviews transkribiert. Transkription bedeutet, dass die Inhalte der Audiodateien in eine schriftliche Form gebracht werden.

Hierdurch wird das Gesprochene für „... anschließende Analyse zugänglich gemacht" (Dresing & Pehl 2015, S. 17). Dies geschieht anhand von festgelegten Regeln.

Die Transkriptionsregeln, nach welchen die Interviews dieser Arbeit aufbereitet wurden, finden sich in Anhang 9.4. Sie wurden auf Grundlage bereits vorhandener Regeln, bspw. nach Kuckartz[12] und Dresing & Pehl[13] erstellt, entsprechend angepasst und erweitert. Auch wenn eine Transkription eine möglichst detailgetreue Wiedergabe des Gesprochenen ermöglicht, sind Informationsverluste dabei unvermeidbar. „Vom Ziel und Zweck der geplanten Analyse hängt es ab, welche Verluste man für akzeptabel hält und welche nicht" (Kuckartz 2018, S. 166). Sollten während der Datenaufbereitung gravierende inhaltliche Lücken festgestellt werden, muss eine Nacherhebung stattfinden (Döring & Bortz 2016a, S. 582–583), was hier jedoch nicht der Fall war.

Während der Interviews wurde bewusst auf die Bitte an die zu interviewenden Personen verzichtet, „... personenbezogene oder personenbeziehbare Informationen..." (FDZ Bildung am DIPF 2014, S. 4), auszusparen. Hierdurch soll ein ungestörter Gesprächsfluss ermöglicht werden. Alle Daten, welche Rückschlüsse auf bspw. Personen, Institutionen, Orte, Qualifikationen oder Jahre, zulas-

---

[12] Kuckartz 2018, S. 167–168.
[13] Dresing & Pehl 2015, 21 ff.

sen, wurden in den Transkripten anonymisiert. Hierfür wurde mit stark abstrahierten Platzhaltern in Anlehnung an das Vorgehen des Forschungsdatenzentrums (FDZ) Bildung am Deutschen Institut für Internationale Pädagogische Forschung (DIPF)[14] gearbeitet. Ein entsprechendes Protokoll über die konsistente Begriffsbenutzung und Dokumentation der Anonymisierung verbleibt bei der Autorin.

Auf die Bereitstellung der Audio-Dateien wird, aufgrund von beinhalteten personen- und unternehmensspezifischen Daten, verzichtet. Die Audioaufnahmen wurden nach Fertigstellung der Transkripte von allen Endgeräten unwiderruflich gelöscht. Die Transkripte werden ausschließlich den Begutachtern der Arbeit zur Verfügung gestellt und verbleiben im Folgenden bei der Autorin. Einer weiterführenden Bereitstellung wird zum Schutz des Unternehmens und der Mitarbeitenden ausdrücklich nicht nachgekommen.

4.3 Auswertung der gewonnenen Daten

Die Datenauswertung erfolgte anhand der inhaltlich strukturierten Inhaltsanalyse nach Mayring. Die Strukturierung/ deduktive Kategorienanwendung nach Mayring, als Unterform der qualitativen Inhaltsanalyse, hat zum Ziel, be-

---

[14] FDZ Bildung am DIPF 2014, S. 7.

stimmte Themen, Inhalte und Aspekte aus dem Material herauszufiltern und zusammenzufassen (Mayring 2015, S. 67). Hierbei wird mithilfe eines Kategoriensystems eine bestimmte Struktur aus dem vorhandenen Datenmaterial systematisch extrahiert (Mayring 2015, S. 97). Durch das Kategoriensystem wird „... die Intersubjektivität des Vorgehens" (Mayring 2015, S. 51) ermöglicht. Das Kategoriensystem kann entweder, wie in dieser Arbeit, aus, von der Theorie und den Forschungsfragen abgeleiteten, deduktiven Kategorien entstehen oder die Kategorien werden induktiv, aus dem Material, entwickelt.

Bei der Strukturierung ist es wichtig, dass die Strukturierungsdimensionen, durch die Identifikation relevanter Aspekte des Untersuchungsgegenstandes, anhand des theoretischen Rahmens präzise bestimmt und aus der Forschungsfrage abgeleitet werden. Die Dimensionen werden anschließend in einzelne Ausprägungen aufgespalten, woraus das Kategoriensystem erstellt wird (Mayring 2015, S. 97). Die „deduktive[n] Kategorien spiegeln die theoretischen Vorannahmen zum Gegenstand wieder [sic!] ..." (Vogt & Werner 2014, S. 23). Das so entstandene vorläufige Kategoriensystem ist in Anhang 9.5 einsehbar.

Da sich das Erkenntnisinteresse bei den Interviews mit Leitungspersonen mit dem der Pflegenden überschneidet, wurde lediglich ein Kategoriensystem angelegt, auf welches sich beide Interviewleitfäden beziehen.

Die aus dem theoretischen Rahmen abgeleiteten Oberkategorien (OK) und die dazugehörigen Unterkategorien (UK), sind in Abbildung 4 in Form einer Mindmap grafisch dargestellt.

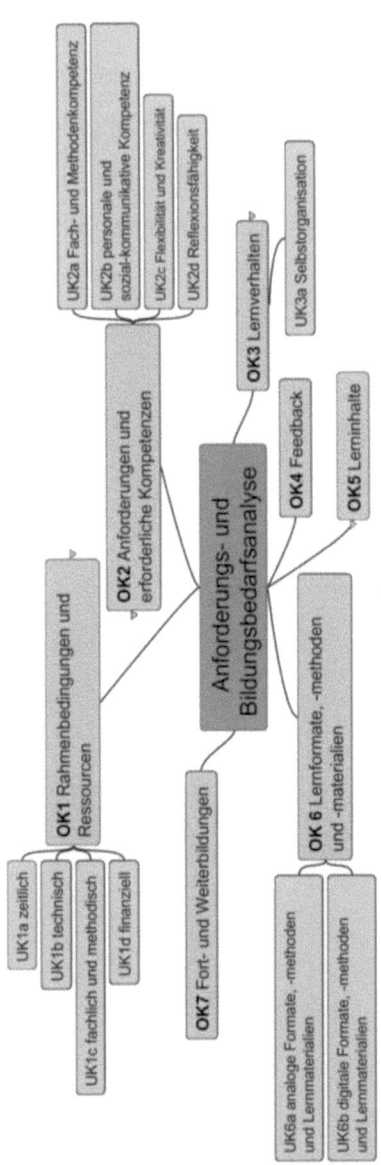

Abbildung 4   Deduktive Kategorien auf Grundlage des theoretischen Rahmens als Basis für die Ermittlung des Anforderungs- und Bildungsbedarfs von Pflegenden im ambulanten Bereich (eigene Darstellung)

92

Das aus der Theorie entstandene, vorläufige Kategorien-system kann sich im Laufe der Datenauswertung noch-mals verändern, indem sich entweder induktive Katego-rien aus den gewonnenen Daten ableiten lassen und/ oder sich die aus der Theorie abgeleiteten deduktiven Kategorien nochmals verändern (Vogt & Werner 2014, S. 24). Das endgültige Kategoriensystem befindet sich in Anhang 9.6.

Um die Daten mittels deduktiver Kategorienanwendung auswerten zu können, wurde ein Kodierleitfaden angelegt, welcher drei Schritte umfasst (siehe Anhang 9.7).
Als erstes wurde die jeweilige Kategorie definiert. Im zweiten Schritt wurden für jede Kategorie Ankerbeispiele festgelegt, welche aus einer konkreten Textstelle beste-hen und als Beispiel für die jeweilige Kategorie dienen. Im dritten Schritt wurden, je nach Bedarf, für die einzelnen Kategorien Regeln festgelegt, sogenannte Kodierregeln. Diese dienen als Hilfestellung bei Abgrenzungsproblemen (Mayring 2015, S. 97).
Aufgrund starker inhaltlicher Überschneidungen wurde in dieser Arbeit auf separate Ankerbeispiele für die Oberka-tegorien verzichtet. Das gesamte Datenmaterial wurde mittels der Analysesoftware MAXQDA 2020 (Version 20.4.1) bearbeitet und den deduktiv gebildeten Kategorien zugewiesen. Sequenzen, die für die Beantwortung der

Forschungsfragen nicht inhaltstragend sind, bleiben un-
codiert.

Textpassagen, die mehrere inhaltliche Dimensionen auf-
weisen, wurden zunächst allen passenden Hauptkatego-
rien zugeordnet. Dies war besonders dann der Fall, wenn
verschachtelte oder überlappende Aussagen der Interviewten vorlagen. Einzelne Textstellen wurden so codiert,
dass diese für sich alleinstehend aussagekräftig für den
Kontext bleiben. Zwischenfragen der Interviewenden,
welche für das Verständnis der Codings notwendig sind,
wurden mitcodiert.

4.4 Beurteilung der Arbeit anhand qualitativer Gütekriterien

Die Beurteilung anhand von Gütekriterien ist bei einer
Forschungsarbeit, welche nach der qualitativen Inhaltsanalyse vorgeht, wichtig, da „... hier die harten methodischen Standards quantitativer Inhaltsanalyse ... in manchen Punkten aufgeweicht wurden, flexibler gehandhabt
werden..." (Mayring 2015, S. 53).

Bzgl. der Formulierung von Gütekriterien in der qualitati-
ven Sozialforschung gibt es verschiedene Möglichkeiten.
Es können Kriterien verwendet werden, wie Validität und
Reliabilität, welche auch in der quantitativen Forschung
Anwendung finden oder „... die für quantitative Methoden

verwendeten Kriterien werden für qualitative Methoden so umformuliert, dass sie ihrer Entdeckungslogik und ihren Zielsetzungen angemessener sind" (Brüsemeister 2008, S. 32). Generell gilt, dass „… die Güte von Aussagen qualitativer Studien durch Nachweise der Gegenstandsbezogenheit zentraler Forscherentscheidungen zu erreichen…" (ebd.) sind. Mayring (2015) merkt an, dass nicht nur die Kodierung, also die Kategorienanwendung auf das vorliegende Material Gütekriterien unterliegen sollte, sondern auch die zuvor durchgeführte Kategorienbildung. Aus diesem Grund werden „… immer häufiger eigene inhaltsanalytische Gütekriterien vorgeschlagen…" (S. 126).

Die Bewertung der Güte dieser Arbeit erfolgt anhand der Kernkriterien von Steinke, wobei diese darauf hinweist, dass die Kriterien zentral und breit angelegt sind, weshalb diese „… für die Anwendung untersuchungsspezifisch – d. h. je nach Fragestellung, Gegenstand und verwendeter Methode – konkretisiert, modifiziert und gegebenenfalls durch weitere Kriterien ergänzt werden" (Steinke 2015, S. 324) müssen.

Intersubjektive Nachvollziehbarkeit

Der Forschungsprozess muss für jedermann nachvollziehbar sein. Um eine konsistente Nachvollziehbarkeit zu erlangen, schlägt Steinke drei Wege vor. Die Dokumentation des Forschungsprozesses, die Interpretation in Gruppen sowie die Anwendung kodifizierter Verfahren (Steinke 2015, 324 ff.). Alle Schritte des Forschungsprozesses wurden schriftlich festgehalten. Die Dokumentation des methodischen Vorgehens und Gründe für methodologische Entscheidungen sind dem Methodenkapitel entnehmbar. Hier werden bspw. die Datenerhebung und -auswertung beschrieben sowie die Entwicklung des Erhebungsinstruments.

Die semi-strukturierten Leitfäden und alle Kriterien und Regelungen der Datenaufbereitung, bspw. die Transkriptionsregeln, sind im Anhang einsehbar. Ebenso das Kategoriensystem und die Kodierregeln mit Ankerbeispielen zur Auswertung der Transkripte durch deduktive Kategorienanwendung. Kontextbedingungen und Beobachtungen der Interviewerin wurden durch die Anfertigung von Postskripten festgehalten.

Steinke (2015) verzichtet bei der Beschreibung qualitativer Kriterien bewusst auf Begrifflichkeiten aus der quantitativen Forschung wie Objektivität oder Reliabilität (S. 323). Dennoch hat sich die Autorin dazu entschieden, die Interrater-Reliabilität zu bestimmen, um eine Grundlage für die „… diskursive Form der Herstellung von Intersubjektivität und Nachvollziehbarkeit …" (ebd., S. 326) zu erhalten.

Die Einschätzung erfolgte anhand des statistischen Maß Cohens Kappa. Der ermittelte Wert liegt bei 0,6122. Dies spricht, laut Landis und Koch (1977), für eine „substantial" (S. 165), also eine beachtliche, Übereinstimmung. Die für die Bewertung der Reliabilität und diskursive Betrachtung der Datenauswertung herangezogene Kontrollperson (Rater 2) kommt aus einem fachfremden Kontext.

Durch die Dokumentation aller Teilschritte des Forschungsprozesses ist von einer intersubjektiven Nachvollziehbarkeit auszugehen.

Indikation des Forschungsprozesses

Das Kriterium der Indikation des Forschungsprozesses umfasst die Bewertung der Gegenstandsangemessenheit hinsichtlich der Eignung des Erhebungs- und Auswertungsinstruments sowie der allgemeinen Angemessenheit des gesamten Forschungsprozesses.

Die Indikation eines qualitativen Vorgehens ergibt sich aus den Forschungsfragen der Arbeit und dem geringen empirischen Material, welches bislang besteht.

Um zu klären, ob das Lernformat Microlearning für den Bereich der ambulanten Pflege geeignet ist, müssen zunächst die individuellen Anforderungen und Bildungsbedarfe der Pflegenden erfasst und deren subjektive Deutungsmuster dargestellt werden. Hierfür wurden als Erhebungsinstrumente Interviewleitfäden gewählt. Die gewonnenen Daten wurden anhand der strukturierten Inhaltsanalyse nach Mayring mittels einer deduktiven Kategorienanwendung ausgewertet.

Durch die offene Form der Interviewleitfäden wurde eine abduktive Haltung eingenommen, welche dazu dient das bestehende Vorverständnis durch neu gewonnene Aspekte im Prozess zu ergänzen, zu erweitern oder ggf. zu modifizieren. Weitere Indikationen des Forschungsprozesses bzgl. Transkriptionen, Samplingstrategie, Bewertungskriterien und methodische Einzelentscheidungen werden im Methodenkapitel dargestellt.

Empirische Verankerung

Die empirische Verankerung der Untersuchungsergebnisse wird durch das Anführen entsprechender und in der Zahl angemessener Textbelege in der Ergebnisdarstellung begründet sowie sichergestellt. Denn „… wesentlich ist, dass das, was Daten besagen, immer ausgehend von vorgegebenen Theorien gedeutet wird" (Brüsemeister 2008, S. 26).

Widersprüche im Datenmaterial werden benannt und diskutiert.

Limitation

Dieses Gütekriterium dient dazu, „… die Grenzen des Geltungsbereichs, d. h. der Verallgemeinerbarkeit einer im Forschungsprozess entwickelten Theorie, herauszufinden und zu prüfen" (Steinke 2015, S. 329). Da es sich in dieser Arbeit um eine Einzelfallanalyse handelt, bei welcher die individuellen Bildungsbedarfe und Anforderungen von Pflegenden in einem einzelnen ambulanten Pflegedienst erhoben werden, können die Ergebnisse nicht unmittelbar auf andere Pflegedienste übertragen werden. Die Angaben sind somit nicht generalisierbar. Dennoch geben die Ergebnisse erste Hinweise darüber, inwieweit Microlearning im Bereich der ambulanten Pflege, unter den Bedingungen, wie sie in dem untersuchten ambulanten Pflegedienst vorzufinden sind, umgesetzt werden kann.

Kohärenz

Das Kriterium der Kohärenz wird durch das Prüfen der Ergebnisse bzw. dem Berücksichtigen von Widersprüchen erfüllt. Der rote Faden wird anhand der erarbeiteten Zusammenhänge illustriert und Widersprüche der Daten bzw. in den Interpretationen herausgestellt.

Relevanz

Das Gütekriterium der Relevanz ist erfüllt, wenn die Arbeit einen Beitrag zum wissenschaftlichen Erkenntnisfortschritt und der Bedeutung der Wissensgenerierung leistet. Die Relevanz der Forschungsfragen und die Positionen zum aktuellen Stand des Wissens werden in der Einleitung, sowie im zweiten Kapitel, verdeutlicht. Im Diskussionsteil werden die neu gewonnenen Erkenntnisse vor dem Hintergrund der bestehenden Theorie erörtert.

Reflektierte Subjektivität

Die subjektive Vorerfahrung der Autorin im ambulanten Bereich hat den Feldzugang und die Rekrutierung von zu interviewenden Personen erleichtert.

Die Qualität der erhobenen Daten kann durch diese Vorprägung beeinflusst werden und bedarf somit einer kontinuierlichen Selbstreflexion (Steinke 2015, S. 330–331). Diese erfolgte über den gesamten Forschungsprozess hinweg und wird zur Nachvollziehbarkeit exemplarisch im nachfolgenden Kapitel dargestellt. Das Gütekriterium der reflektierten Subjektivität gilt somit als erfüllt.

4.5 Reflexion des methodischen Vorgehens

Eine kritische Selbstreflexion in allen Teilen des Forschungsprozesses ist eine notwendige Voraussetzung für Wissenschaftlichkeit (Döring & Bortz 2016d, S. 70). Aufgrund mangelnder theoretischer Erkenntnisse der Anwendung und Umsetzung von Microlearning im ambulanten Pflegebereich, wurde eine Erhebung der Anforderungs- und Bildungsbedarfe von Pflegenden im ambulanten Bereich mittels semi-strukturierten Leitfadeninterviews durchgeführt.

Die Terminabsprache mit dem involvierten Pflegedienst funktionierte, trotz Terminverschiebungen, reibungslos. Die Leitungspersonen waren über das Vorhaben informiert und zur Mitarbeit motiviert, was sich in der großen Gesprächsbereitschaft zeigte. Die Pflegenden wirkten von den Interviews tw. überrascht, weshalb diese durch die Leitung nochmals über das Vorhaben aufgeklärt wurden.

Die Wahl von separaten Räumlichkeiten als Intervieworte erwies sich als sinnvoll, da somit Störquellen vermieden werden konnten und nahezu alle Textpassagen auf den Audiodateien verständlich waren. Das als Backup verwendete zweite Aufnahmegerät erfüllte seinen Zweck, da beim Erstgerät die Tonspuren tw. übereinander lagen, wodurch das Gesprochene schlecht verständlich war.

Trotz der Pretests stellte sich nach der Durchführung des ersten Interviews mit einer Pflegeperson heraus, dass die Reihenfolge der Fragen nochmals geändert und die Fragestellungen angepasst werden müssen, damit ein roter Faden und die Verständlichkeit gewährleistet werden können. Trotz der Anpassungen fiel es der Autorin schwer, während der folgenden Interviews am Leitfaden zu bleiben und nicht in andere Themenkomplexe abzuschweifen. Hierdurch kam es zu Aussparungen von Fragestellungen, welche aber im Gesamtkontext als vernachlässigbar angesehen werden.

Die durch den Pretest getroffene Entscheidung, Begrifflichkeiten, wie Kompetenz, zu umschreiben, erwies sich als sinnvoll.

Bei einigen Interviews wurden die Fragestellungen auf Wunsch der zu interviewenden Personen nochmals wiederholt bzw. in anderen Worten wiedergegeben.

Um den Gesprächsfluss zu erhalten, wurden tw. Beispiele von der Autorin eingeworfen. Dies erfolgte an manchen Stellen ggfs. zu vorschnell, wobei die zu interviewenden Personen den inhaltlichen Faden daraufhin wieder aufnahmen.

Dem Prinzip der Offenheit wurde, durch weitestgehend offene Fragestellungen, Folge geleistet. Obwohl die Gefahr bestand, dass sich die interviewenden Personen durch manche Äußerungen der Autorin in eine Richtung geleitet fühlen könnten, konnte dem im Gesprächsverlauf durch eine kritische Selbstreflexion seitens der Autorin entgegengewirkt werden.

Die Postskripte wurden direkt im Anschluss an das jeweilige Interview ausgefüllt, was eine direkte und unverzerrte subjektive Einschätzung der Situation möglich machte.

Die beruflichen Erfahrungen der Autorin im Bereich der ambulanten Pflege waren den Leitungen und Pflegepersonen bekannt, was zu einem offenen und direkten Umgang mit fach- und settingspezifischen Themen (bspw. Patienten als Kunden) führte.

Innerhalb der Interviews wurden von den Befragten Inhalte authentisch und teils selbstkritisch thematisiert, welches auf eine Vertrauensbasis zwischen allen Gesprächsbeteiligten schließen lässt.

Kritisch betrachtet, ergibt sich, aufgrund der Insiderrolle der Autorin im Berufsfeld, die Gefahr einer Verzerrung der Antworten. Diese ist sich ihrer Rolle als Insider bewusst, weshalb eine regelmäßige Selbstreflexion nach den Interviews zur Differenzierung der eigenen Erfahrungen und subjektiven Einstellungen zur Abgrenzung des generierten Wissens vorgenommen wurde.

Sowohl in der Datenerhebungs- als auch in der Datenauswertungsphase wurde stets die Herkunft des Wissens kritisch bedacht. Innerhalb der Datenerhebung wurde dies bspw. durch die kommunikative Validierung mit den zu interviewenden Personen geleistet.

5 Darstellung der empirischen Ergebnisse bezüglich des Anforderungs- und Bildungsbedarfs in der ambulanten Pflege

Das Ziel der qualitativen Inhaltsanalyse liegt laut Mayring (2015) in der systematischen Zusammenfassung des Materials (S. 49). Aus diesem Grund werden an dieser Stelle die gewonnenen Ergebnisse deskriptiv aufgearbeitet und dargestellt. Verweise auf den Ursprung der Aussagen erfolgen dabei nicht immer explizit.

Die Ergebnisdarstellung erfolgt anhand der Ober- und Unterkategorien. Insgesamt sind es sieben Ober- und 17 Unterkategorien (siehe Abbildung 5).

Für die Kodierung der Leitungsinterviews und die der Pflegenden wurde, aufgrund von zahlreichen inhaltlichen Überschneidungen, dasselbe Kategoriensystem verwendet.

Liste der Codes

- ∨ OK1 Rahmenbedingungen und Ressourcen
  - UK1a zeitliche Rahmenbedingungen und Ressourcen
  - UK1b technische Rahmenbedingungen und Ressourcen
  - UK1c fachliche und methodische Ressourcen
  - UK1d finanzielle Rahmenbedingungen und Ressourcen
- ∨ OK2 Anforderungen und erforderliche Kompetenzen
  - UK2a Fach- und Methodenkompetenz
  - UK2b Personale und sozial-kommunikative Kompetenz
  - UK2c Flexibilität und Kreativität
  - UK2d Reflexionsfähigkeit
- ∨ OK3 Lernverhalten
  - UK3a Selbstorganisation
  - UK3b Motivation
  - UK3c Lernblockaden
- ∨ OK4 Feedback und didaktische Interaktion
  - UK4a Arten von Feedback und didaktischer Interaktion
  - UK4b Gründe für Feeback
- OK5 Lerninhalte
- ∨ OK6 Lernformate, -methoden und -materialien
  - UK6a analoge Formate, Methoden und Lernmaterialien
  - UK6b digitale Formate, Methoden und Lernmaterialien
- ∨ OK7 Fort- und Weiterbildungen
  - UK7a Verpflichtungen in Bezug auf Fort- und Weiterbildungen
  - UK7b Freiwillige Fort- und Weiterbildungen

Abbildung 5   Liste der Codes. Erstellt mit dem Programm MAXQDA (Version 20.4.1) (eigener Entwurf)

OK1	**Rahmenbedingungen und Ressourcen**
UK1a	zeitliche Rahmenbedingungen und Ressourcen
UK1b	technische Rahmenbedingungen und Ressourcen
UK1c	fachliche und methodische Ressourcen
UK1d	finanzielle Rahmenbedingungen und Ressourcen

UK1a zeitliche Rahmenbedingungen und Ressourcen

Die Anforderungen in der ambulanten Pflege beziehen sich, laut der Pflegenden, hauptsächlich auf den hohen Zeitdruck. Fort- und Weiterbildungen am Arbeitsplatz finden höchstens nach der Tour statt. Während der Tour wird ein Lernen, selbst wenn dieses nur wenige Minuten in Anspruch nimmt, als unrealistisch eingeschätzt.

„Also die Lernzeiten sind dann immer eher nach der Tour, weil während der Tour ist das nicht machbar, weil das ja sonst einfach zu lang auch wäre." (L01; Z. 149-150)

Im Gegensatz zu den Pflegenden können sich die Leitungspersonen vorstellen, dass es während den Touren zu Wartezeiten kommen kann. Allerdings wird ein Lernen in diesem Zeitraum als kritisch betrachtet.

„Die haben schon auch Wartezeiten... Bei den Ärzten manchmal. Aber, da was mit hinzunehmen wird dann wahrscheinlich schwierig zu sein. Also... Aber, aber Wartezeiten bei den Ärzten..." (L02; Z. 490-492)

Generell scheint das Thema Zeit einen hohen Stellenwert in der ambulanten Pflege einzunehmen, da die Pflegenden, wie auch die Leitungspersonen, auf das Thema Überstunden hinweisen.

Grafisch verdeutlicht wird die Wichtigkeit des Zeitfaktors in Anhang 9.9. Aus der Grafik geht hervor, dass fast 50%

der Codes, verglichen mit den anderen Kategorien der Oberkategorie 1, auf den zeitlichen Aspekt zurückzuführen sind.

UK1b technische Rahmenbedingungen und Ressourcen

Die technische Ausstattung entscheidet darüber, auf welche Art und Weise den Bildungsbedarfen der Pflegenden nachgekommen werden kann. Denn nur wenn technische Geräte zur Verfügung stehen, können digitale Lernformate angeboten werden.

Auf Nachfrage wird von den interviewten Personen angegeben, dass am Arbeitsplatz Computer mit Internetzugang vorhanden sind, welche die Pflegenden zur Fort- und Weiterbildung nutzen können. Zudem sollen demnächst Tablets angeschafft werden.

Durch die Coronapandemie, wodurch Präsenzveranstaltungen nicht stattfinden konnten, hat der Pflegedienst Fort- und Weiterbildungen mithilfe von E-Learning umgesetzt.

„Okay, jetzt als nächstes bekommen wir ja Tablets, dann ist das alles einfacher, weil wir dann über SWING[15] diese Module buchen und das von selber

---

[15] „SWING-Ambulant ist ein anwenderfreundliches, komfortables Komplettsystem, das die Prozesse eines ambulanten Dienstes praxisorientiert abbildet" (SWING GmbH 2021, o. S.). Es dient bspw. zur Leistungsplanung und -erfassung, Tourenplanung und Abrechnung (ebd.).

machen und die bieten das ja schon an. Also das ist dann auch digital." (P02; Z. 1109-1112)

Smartphones sind ebenfalls vorhaben. Diese verfügen „... über eine spezielle Software ..., die primär der Optimierung ablauforganisatorischer Prozesse dient..." (Daxberger et al. 2018, S. 27). Aktuell ist keine anderweitige Nutzung, z. B. im Rahmen von digitalen Lernformaten, vorgesehen.

UK1c fachliche und methodische Ressourcen

Fachlich sind die Pflegenden, welche in dem befragten ambulanten Pflegedienst arbeiten, breit aufgestellt. Die Ausbildungsabschlüsse variieren ebenso wie die Qualifikationen. Es sind bspw. Wundmanager/-in, Mentoren/-innen und Palliativfachkräfte vertreten.

Aus der großen Vielfalt ergeben sich fachliche Ressourcen.

„Also jeder hat ja so ein bisschen seine Steckenpferde, sage ich jetzt mal, wo... Also der eine macht lieber Wundversorgung, der andere lieber... was weiß ich... Körperpflege oder so irgendwas." (P02; Z. 1003-1006)

Methodische Ressourcen, bezogen auf bspw. die Erstellung von Content, sind dagegen weniger vorhanden.

„Also, digital bin ich nicht so der Held, aber..." (P02: Z. 1017)

Allerdings gibt es ausgebildete Mentoren/-innen, welche für die Anleitung der Auszubildenden zuständig sind. Diese haben durch ihre Zusatzqualifikation berufspädagogische Kenntnisse erworben.

UK1d finanzielle Rahmenbedingungen und Ressourcen

Um den Anforderungen und Bildungsbedarfen der Pflegenden, durch die Ermöglichung der Teilnahme an Fort- und Weiterbildungsmaßnahmen, gerecht werden zu können, bedarf es ausreichender finanzieller Ressourcen. Über diese scheint der ambulante Pflegedienst, laut den Aussagen der Leitungspersonen und den Pflegenden, zu verfügen.

Auf Fort- und Weiterbildungswünsche wurde bisher, von Seiten der Geschäftsführung, eingegangen.

„Also die <Geschäftsführung> ist sehr interessiert dran, dass die Mitarbeiter sich gut fort- und weiterbilden und wenn da jemand sich was wünscht und das passt, dann habe ich es noch nie erlebt, dass das abgelehnt wurde." (L02; Z. 363-365)

Die Anschaffung von Lernmitteln, wie Fachliteratur und Tablets, wird von der Führungsebene ebenfalls unterstützt. Auch in diesem Punkt spiegeln sich die knappen zeitlichen Ressourcen wider. Eine der Leitungspersonen merkt bspw. an, dass die häufige Teilnahme an Fortbildungen nicht nur positiv zu betrachten ist, da diese Personen im Dienst fehlen und durch andere Pflegende ersetzt werden müssen, was mit zusätzlichen Kosten verbunden ist.

OK2	Anforderungen und erforderliche Kompetenzen
UK2a	Fach- und Methodenkompetenz
UK2b	personale und sozial-kommunikative Kompetenz
UK2c	Kreativität
UK2d	Reflexionsfähigkeit

UK2a Fach- und Methodenkompetenz

Die Pflegenden und die Leitungspersonen sind sich darin einig, dass die Fachkompetenz im Berufsfeld der ambulanten Pflege einen besonders hohen Stellenwert einnimmt. Dies wird hauptsächlich mit der hohen Eigenverantwortung und den vielseitigen pflegerischen Tätigkeiten, wie Körperpflege, Injektionen, Wundversorgung etc., begründet.

„Also freilich kann man einen Kollegen anrufen, aber in der Regel bist du alleine und musst im Moment entscheiden, was du jetzt für richtig hältst. Und da gehört schon auch eine große fachliche Kompetenz dazu und ein weites, breites Feld, wo man da abdecken muss."
(P02; Z. 1000-1003)

Dabei haben die Pflegenden selbst den Anspruch, den Qualitätsanforderungen, welche bspw. durch den MDK vorgegeben werden, gerecht zu werden.

Bildungsbedarfe ergeben sich zudem aus den unterschiedlichen beruflichen Vorkenntnissen.

„Also wir haben hier „exami-", dreijährig examinierte Altenpfleger/ Altenpflegerinnen, Gesundheits- und Krankenpfleger, Kinderkrankenschwester oder ganz normale Krankenschwester und dann auch noch die einjährig examinierten Altenpflegehelfer, die dann halt <u>nur</u> bestimmte Tätigkeiten ausführen dürfen und nicht alle. Muss man dann halt bei der Planung gucken, wen hat man zur Verfügung, wer kann wo hin." (L01; Z. 29-34)

UK2b personale und sozial-kommunikative Kompetenz

Sozial-kommunikative Kompetenzen werden in der ambulanten Pflege als wichtig angesehen, da die Pflegenden im Austausch mit bspw. Angehörigen stehen. Beratungs- und Erstgespräche sind Teil der täglichen Arbeit.

Die interdisziplinäre Zusammenarbeit mit Ärzten/-innen, Apothekern/-innen, Therapeuten/-innen spielt nach Aussagen der Pflegenden, in dem Setting der ambulanten Pflege, ebenfalls eine große Rolle. Ärzte sind bspw. auf die Krankenbeobachtung der Pflegenden angewiesen, da sie die zu pflegenden Menschen nicht so häufig sehen und eine Einschätzung dementsprechend schwerer fällt.

Aber auch der Austausch im Team selbst, bspw. im Rahmen von Übergabesituationen und Dienstbesprechungen, wird von den Pflegenden als bedeutend eingeschätzt, weshalb im Bereich der Team- und Kommunikationsfähigkeit ein Bildungsbedarf gesehen wird.

„Eigentlich sollte das [Anmerk.: Team- und Kommunikationsfähigkeit] an erster Stelle stehen in unserem Beruf. Einfach, um auch sich kommunikativ auszutauschen. Um einfach auch gewisse Pflegeprozesse reibungsloser zu gestalten und auch einfach im Team miteinander gestalten." (P01; Z. 812-815)

Ein Bildungsbedarf im Bereich der personalen und soziokommunikativen Kompetenz ergibt sich zudem aus der großen Vielfalt der Charaktere, welche im Team zusammenarbeiten, sowie aus Fähigkeiten, wie Empathie, welche für die Gesprächsführung wichtig sind.

Fortbildungen werden als eine Möglichkeit der persönlichen Weiterentwicklung gesehen.

„Persönliches Entwickeln finde ich auch wichtig. Im Zusammenhang, wenn man… mit… in Fortbildungen beispielsweise… Wenn man Fortbildungen besucht. Das würde ich in diesem Zusammenhang auch als persönliches Entwickeln nennen." (P04; Z. 1542-1545)

UK2c Flexibilität und Kreativität

Eine Anforderung, welche die Arbeit in der ambulanten Pflege mit sich bringt, liegt laut den Pflegenden darin, dass die gegebenen Rahmenbedingungen ein flexibles und kreatives Arbeiten erfordern.

„Die baulichen Sachen sind ja leider oft nicht so, wie man das jetzt im Krankenhaus hat. Das ist ja auch oft das Thema, wenn man jetzt Verbände wechselt oder so. Da sind die Schüler oft schockiert, mit was für einfachen Sachen wir da eben hantieren müssen, aber es ist halt nix anderes da. Fertig. Also, dann kann ich keine sterile Unterlage überall ... Also, ich kann nicht aus einer Messi-Wohnung, sage ich jetzt mal, ein OP-Saal machen. Das geht nicht. Also muss ich schauen, dass ich es möglichst sehr gut hinbekomme (lacht) in diesen Bedingungen, wie es halt ist." (P02; Z. 974-981)

Auffällig sind die Vergleiche mit anderen Settings, wie Altenheimen und Krankenhäusern, welche die Pflegenden und die Leitungspersonen, tätigen. Hierbei geht es v. a. um Unterschiede in Bezug auf vorhandene Hilfsmittel, Materialien etc.

UK2d Reflexionsfähigkeit

Eine der Leitungspersonen sieht einen erhöhten Bildungsbedarf im Bereich der Reflexionsfähigkeit. Besonders in Bezug auf die eigenen Grenzen hinsichtlich des Fachwissens bestehe noch Verbesserungsbedarf.

„Und manche haben aber auch eine schlechte Selbsteinschätzung. Also da würde ich mir schon wünschen, dass der ein oder andere seine eigenen Grenzen auch besser einzuschätzen lernt." (L02; Z. 566-569)

OK3	Lernverhalten
UK3a	Selbstorganisation
UK3b	Motivation
UK3c	Lernblockaden

UK3a Selbstorganisation

Bei der selbstorganisierten Aneignung von Wissen lässt sich eine gewisse Diskrepanz zwischen der Wahrnehmung und den Aussagen einzelner Pflege- und Leitungspersonen feststellen.

Die Pflegenden geben an, bei Unklarheiten bzgl. des Fachwissens sich Inhalte durch bspw. eine Internetrecherche selbst anzueignen. Eine Pflegeperson erklärt, dass sie sich sogar selbst Fachliteratur anschafft, um sich auf einen aktuellen Wissensstand zu bringen.

„Aber für mich ist das <u>wichtig</u>, dass ich da auf dem neusten Stand bin. Und ich kaufe mir auch immer wieder Fachliteratur, neue, die ich Zuhause habe. Also ich habe da schon eine riesen Bibliothek." (P02; Z. 1010-1013)

Selbstorganisiertes Lernen wird auch von den Auszubildenden erwartet. Ihnen wird zugestanden, dass sie noch nicht alles wissen können, aber es ist laut P02 wichtig, dass die Auszubildenden wissen, wie sie an relevante Informationen kommen.

L02 bemängelt gerade eine solche fehlende Selbstständigkeit der Pflegenden. Die Leitungsperson hinterfragt sich selbst und erwartet dies auch von den Mitarbeitenden. Laut ihr werden Fortbildungen von den Pflegenden tw. eher als Last anstatt als Lernchance gesehen.

„Und das fehlt mir manchmal so ein bisschen. Diese „Selbst-", diese Eigeninitiative, gutes neues Wissen zu haben. Sondern es ist eher, wenn man zu „Fort-"... Gerade die Pflichtfortbildungen, wenn man da hinmuss... Das ist eher lästig und „<u>Ach</u>, des <u>schon wieder</u>" und manche versuchen sich auch zu <u>drücken</u>... Das ist auch unterschiedlich. Manche sind ja aber auch ganz interessiert." (L02; Z. 460-465)

UK3b Motivation

Aus Sicht der befragten Leitungs- und Pflegepersonen wird Motivation in Bezug auf Arbeiten und Lernen durch verschiedene Aspekte beeinflusst.

Ein Einflussfaktor auf die Motivation wird darin gesehen, ob sich eine Pflegeperson mit ihren Aussagen und Wünschen durch bspw. die Leitungspersonen ernstgenommen fühlt. Gleichzeitig können Kollegen/ -innen oder Auszubildende dazu motivieren, sich Wissen anzueignen oder neue Fertigkeiten anzuwenden.

> *„Also ich habe auch schon Sachen anders gemacht, weil Schüler mir schon irgendwas gezeigt haben, wo ich gedacht habe, „Wow, das ist ja mal richtig gut". Also, da bin ich dann schon offen, dass ich dann mal denke „Ja, dass hast du jetzt <Jahre A> anders gemacht, aber das wäre so eigentlich besser"… ja…" (P02, Z. 1070-1074)*

Die Motivation kann jedoch auch gehemmt werden, wenn bspw. das Lernformat nicht zu einem passt. Eine Pflegeperson merkt bspw. an, dass sie tw. schnell gelangweilt ist, wenn eine Fortbildung online stattfindet und dies dann als wenig effektiv empfindet.

UK3c Lernblockaden

Doch selbst wenn Bildungsbedarfe bestehen und eine entsprechende Motivation vorhanden ist, diese durch

Fort- und Weiterbildungen zu decken, kann es aufgrund von bspw. Lernblockaden zur Nichtteilnahme kommen oder zu einem Drop-out führen.

Eine Pflegeperson gibt diesbezüglich an, dass sie in Bezug auf Fort- und Weiterbildungen zurückhaltend ist, weil sie Hemmungen, aufgrund eines verlangsamten Auffassungsvermögens, hat. Dies begründet sie mit einer vorhandenen Lese-Rechtschreibschwäche, wodurch sie ihre Lernfähigkeit, im Rahmen von Fort- und Weiterbildungen, infrage stellt.

Eine weitere interviewte Person spricht davon, beim Lernen in digitaler Form, gescheitert zu sein; allerdings aufgrund fehlender Motivation.

OK4	Feedback und didaktische Interaktion
UK4a	Arten von Feedback und didaktischer Interaktion
UK4b	Gründe für Feedback

UK4a Arten von Feedback und didaktischer Interaktion

Der Großteil der befragten Pflegenden befindet eine Rückmeldung über ihre Lernleistung als gewinnbringend. Die Art und Weise, wie sie bisher Feedback erhalten haben und welche didaktischen Interaktionsmöglichkeiten dabei zum Einsatz kamen, variieren. Es werden bspw. Tests oder praktische Demonstrationen genannt.

„Also da finde ich jetzt, wenn man da vor Ort ist, man muss das vormachen, wie man da jemand beatmet oder wie man die Herzdruckmassage macht und man sieht dann der Druck stimmt nicht so, ist das schon effizienter wie… also wenn da jemand was sagt und ich nachher irgendetwas angeklicker. Wo ich dann auch nur drei Möglichkeiten habe… Also, es muss ja nicht mal so ganz (passen? #00:12:22#) (P02; Z. 1138-1143)

Als besonders wertvoll wird die mündliche Rückmeldung durch Kollegen/-innen gesehen.

UK4b Gründe für Feedback

Als Gründe, weshalb die Pflegepersonen Feedback erhalten möchten, wird angegeben, dass dieses dazu beiträgt, die eigene Leistung besser einschätzen zu können, was ihnen ein Gefühl von Sicherheit gibt. Zugleich hilft es Fehler zu minimieren.

„Das gibt mir auch eine gewisse Sicherheit, zu wissen, „ah ja, der ist da… Der wiederholt das so lange, bis er durchkommt". Und dann ist auch eine gewisse Aktivität ja gefordert vom… von demjenigen, der das macht. Und das finde ich eigentlich klasse." (P02; Z. 655-658)

Eine der Pflegepersonen gibt zudem an, dass für sie die Gabe von Feedback einen Ansporn zum Lernen darstellt, da sie sich nicht vor den anderen Lernenden blamieren möchte, wenn sie eine Antwort nicht weiß.

OK5	Lerninhalte

Die Bildungsbedarfe der Pflegenden in der ambulanten Pflege orientieren sich an deren täglichen Aufgaben. Dazu zählen bspw. die Umsetzung der Expertenstandards und die Einhaltung hygienischer Maßnahmen. Als relevante Lerninhalte werden zudem Krankheitsbilder, wie Demenz oder Diabetes, und spezifische pflegerische Fertigkeiten, wie das Anlegen eines Kompressionsverbandes, genannt.

„Demenz ist jetzt was, wo eigentlich auch sehr wichtig ist, weil das ist mittlerweile eine Hauptdiagnose und steht eigentlich schon an erster Stelle und mittlerweile leider auch bei Jüngeren und nicht nur bei Älteren." (P01; Z. 845-847)

OK6	Lernformate, -methoden und -materialien
UK6a	analoge Formate, Methoden und Lernmaterialien
UK6b	digitale Formate, Methoden und Lernmaterialien

UK6a analoge Formate, Methoden und Lernmaterialien

Bzgl. analoger Lernmaterialien wird hauptsächlich auf das Vorhandensein von Fachliteratur aufmerksam gemacht.

Als gewinnbringend werden praktische Übungen in Klein-gruppen und Inhouse-Schulungen angesehen. Hierbei wird auf Fachpersonen, wie bspw. Wundberater oder Hy-gienefachkräfte, zurückgegriffen. Vorteile von analogen, im Gegensatz zu digitalen, Lernformaten werden v. a. im Bereich der Aneignung von praktischen Fertigkeiten, wie dem Anlegen eines Kompressionsverbandes, gesehen.

„Und das ist aber was, dass muss man einfach üben und wenn da jemand kommt und das nochmal zeigt und man das in Kleingruppen übt, ist einfach viel effi-zienter, wie wenn ich mir im Internet zum hundertsten Mal anschaue, wie ein Pütterverband geht." (P02; Z. 1168-1171)

OK6b digitale Formate, Methoden und Lernmateria-lien

Da die Pflichtfortbildungen auch während der Coronapan-demie durchgeführt werden mussten, hat der ambulante Pflegedienst in eine digitale Ausstattung mit Computern, bald auch Tablets, und Software für E-Learning investiert.

„Wir sind da jetzt mittlerweile auf dem (Standpunkt? #00:03:51#), dass wir am Computer einfach über be-stimmte Lernportale dann Weiterbildungen oder Fort-bildungen oder solche Sachen umsetzen." (P01; Z. 727-729)

Die Arbeit mit digitalen Lernformaten wird von den Pflegenden größtenteils als positiv bewertet, obwohl diese Art zu lernen, ihrer Meinung nach, nicht für alle Themen geeignet ist. Ein Vorteil wird v. a. in der Orts- und Zeitunabhängigkeit des Lernens gesehen.

„Online, zum Beispiel, ich kann auch wiederholen, wenn ich was nicht verstanden habe und wenn ich nochmal; kann ich wiederholen und in Ruhe, zu Hause. Zum Beispiel habe ich letztes Mal diese Schulungen gehabt; davon drei insgesamt... Aber gut, ich habe nicht auf einmal gemacht, sondern mit... Wo es dann... Wo ich Zeit hatte. Genau, ich kann nochmal wiederholen, kann Notizen schreiben..." (P04; Z. 1606-1611)

Auch wenn die digitalen Lernformate bei der Deckung der Bildungsbedarfe unterstützen können, ergibt sich aus deren Anwendung gleichzeitig ein eben solcher.

„Also, digital bin ich nicht so der Held, aber..." (P02: Z. 1017)

OK7	Fort- und Weiterbildungen
UK7a	Verpflichtungen in Bezug auf Fort- und Weiterbildungen
UK7b	Freiwillige Fort- und Weiterbildungen

UK7a Verpflichtungen in Bezug auf Fort- und Weiterbildung

Die Bildungsbedarfe der Pflegenden ergeben sich u. a. aus den Vorgaben, welche der ambulante Pflegedienst, bspw. vom MDK, erhält.

„Ja, also es gibt in der Tat Fortbildungen, die verpflichtend sind, weil auch wir werden vom Medizinischen Dienst der Krankenkassen überprüft, wobei für jeden Mitarbeiter, egal in welchem Bereich, in welcher Sparte, die Pflichtfortbildung ‚Erste Hilfe' ist und die Pflichtfortbildung ‚Hygiene'." (L01; Z. 48-51)

Die Vorschriften umfassen Themen wie Erste Hilfe, Brandschutz usw. Zugleich gibt es, nach Aussagen der Pflegenden, Vorgaben vom Arbeitgeber, bzgl. der regelmäßigen Evaluation der Pflegestandards.

UK7b Freiwillige Fort- und Weiterbildungen

Neben den verpflichtenden Fortbildungen haben die Pflegenden die Möglichkeit, sich auf eigenen Wunsch fort- und weiterzubilden. Die Geschäftsführung und die Leitungspersonen unterstützen dies.

„Ja also, wenn die Rahmenbedingungen stimmen, wenn die Möglichkeiten alle da sind, dann würde ich das schon begrüßen, dass jeder so viel wie möglich Input kriegt, ..." (L01; Z. 258-260)

Durch E-Learning können noch mehr Wunschthemen abgedeckt werden als es in Präsenz der Fall ist. Die zusätzlichen Lernangebote werden von den Mitarbeitenden gut angenommen.

„Das haben wir alle gemacht per E-Learning [Anmerk. Pflichtfortbildungen] und dann konnte jeder noch, was er gerne machen würde... Hat sich noch was ausgesucht, also von einem Fachgebiet zusätzlich." (P02; Z. 1120-1122)

Die dargestellten Ergebnisse zeigen die Anforderungen und Bildungsbedarfe der Pflegepersonen in der ambulanten Pflege auf und veranschaulichen die gegebenen Rahmenbedingungen im untersuchten Pflegedienst.

Nun gilt es zu diskutieren, ob, und wenn ja, inwieweit Microlearning diesen Bildungsbedarfen gerecht werden kann.

6 Diskussion: Microlearning als Lernformat in der betrieblichen Weiterbildung im Setting der ambulanten Pflege

Anhand der Ergebnisdarstellung wird deutlich, dass sich Bildungsbedarfe im Setting der ambulanten Pflege hauptsächlich im Bereich der Fach-, Personal- und der sozial-kommunikativen Kompetenzen ergeben. Die Bedarfe entstehen einerseits aus dem Tätigkeitsprofil der Pflegenden (z. B. Wundversorgung, Injektionen) und andererseits aus den Anforderungen und Vorgaben, welche bspw. durch den MDK gemacht werden.

Der Bildungsbedarf lässt sich zudem aus der Altersstruktur, dem Stellenumfang und der beruflichen Vorbildung der Pflegenden erschließen. Durch die verschiedenen erlernten Berufe, wie Gesundheits- und Krankenpflege oder Altenpflege, müssen die Pflegepersonen durch Fort- und Weiterbildung auf einen gemeinsamen Wissensstand gebracht werden. Durch eine heterogene Altersstruktur liegen die Ausbildungen teils schon längere Zeit zurück.

Um das Wissen der Pflegenden auf einen, für die tägliche Arbeit notwendigen, aktuellen Stand zu bringen, den Anforderungen des MDK gerecht zu werden und das Kompetenzniveau auf Stufe 4 des DQR zumindest zu halten, ist eine kontinuierliche Fort- und Weiterbildung der Pflegepersonen im ambulanten Bereich unabdingbar. Neben fachlichen Kompetenzen sind im Berufsalltag der ambulant Pflegenden v. a. sozial-kommunikative Kompetenzen, bspw. im Rahmen von Beratungsgesprächen oder im interdisziplinären Austausch mit Ärzten, Therapeuten etc., gefordert.

Die Ergebnisse der Interviews untermauern zudem die Resultate der Literaturrecherche, welche neben der großen fachlichen Verantwortung eine hohe Eigenständigkeit der Pflegenden im ambulanten Bereich konstatieren (Hielscher et al. 2013, S. 91–92; Bleses & Jahns 2015, S. 54). Im Bereich der Wissenserweiterung auf fachlicher Ebene und des Selbstmanagements bietet Microlearning großes Potential. Petermandl (2014) ist davon überzeugt, dass Microlearning die genannten Kompetenzen fördern kann.

„Die Möglichkeit, für das eigene Lernen Verantwortung zu übernehmen, fördert die Entwicklung persönlicher Kompetenzen. Die Herausforderung, selbst aktiv zu werden und sich zum Lernen zu entschließen, fördert Aktivitäts- und Handlungskompetenz. Die Option, gemeinsam mit anderen zu lernen und ein verlässlicher Lernpartner zu sein, unterstützt die Entwicklung von sozial-kommunikativen Kompetenzen, die Notwendigkeit selbstgeplant und fokussiert zu lernen, fördert die Entwicklung von Fach- und Methodenkompetenz" (S. 26).

Obwohl Microlearning nicht unmittelbar an eine digitale Lernumgebung geknüpft ist, erweitern sich die Möglichkeiten der Gestaltung des Contents durch gute technische Rahmenbedingungen, wie es in dem ambulanten Pflegedienst der interviewten Personen der Fall ist (Robes 2009, S. 4). So konnten die Lernenden, dadurch, dass Online-Lernplattformen bereitgestellt werden, bereits erste Erfahrungen in Bezug auf E-Learning sammeln.

Durch die Befragung wurde jedoch auch deutlich, dass sich nicht jede Pflegeperson in der digitalen Lernumgebung sicher fühlt. Sollten digitale Microlearning-Formate in diesem Pflegedienst implementiert werden, setzt dies die Schulung der Pflegenden im Umgang mit digitalem Content voraus. Zudem benötigt es Experten/-innen, welche bei technischen Problemen zur Verfügung stehen. Da bereits Computer und Smartphones im Einsatz sind und bald Tablets eingeführt werden, kann davon ausgegangen werden, dass es bereits entsprechende Ansprechpartner gibt.

Die Einführung der Tablets bietet die Gelegenheit, diese von Beginn an für die Umsetzung von Microlearning einzurichten. Zugleich kann überprüft werden, ob die, bisher für rein ablauforganisatorische Prozesse genutzten, Smartphones für digitales Lernen einsetzbar wären oder ob es hier, aus z. B. datenschutzrechtlichen Gründen, zu Problemen kommt.

Laut Aussage der Pflegenden wird die Lernmotivation durch den Austausch untereinander und durch die Art der Lernformate beeinflusst. Ein Mix aus digitalen und analogen Microlearning-Angeboten wäre insofern sinnvoll, als das hierdurch jede Pflegeperson die Möglichkeit hat, auf ihr gewünschtes Format zurückzugreifen und somit die Lernmotivation erhalten bleibt.

Microlearning-Formate sind zu vielerlei Themenbereichen gestaltbar, so dass die Pflegenden die Inhalte nach ihrem individuellen Bedarf und nach ihren Wünschen, teilnehmerorientiert, wählen können (Ettl-Huber 2020, S. 16). Die Gestaltung von Content fällt den Pflegepersonen, aller Voraussicht nach, bei analogen Formaten leichter, da es im Pflegedienst zwar hohe fachliche Ressourcen, wie Wundmanager/-innen, Hygienebeauftragte usw. gibt, jedoch methodisch, bspw. im Umgang mit digitalen Medien, noch Ausbaupotential besteht. Eine Möglichkeit wäre hier, auf bereits bestehenden Content, bspw. in Form der OMW, zurückzugreifen und sich bei der Erstellung Unterstützung durch Bildungsexperten/-innen zu holen. Besonders zu Beginn bedarf es neben der Bereitstellung von wissenschaftlichem Material einer pädagogischen und inhaltlichen Begleitung, um Content verständlich zu gestalten. Bei dieser Entscheidung ist zu bedenken, dass die Erstellung nicht nur dem Nutzer/ der Nutzerin zugutekommt. Auch bei den Lernenden, welche die Lerninhalte aufbereiten, werden Lernprozesse angestoßen (Baumgartner 2014, S. 22).

Ein weiterer Vorteil liegt in den Kostenersparnissen, welche der Rückbezug auf eigene Wissensressourcen und Fachleute im Team mit sich bringt. Gleichzeitig können die Lerninhalte zielgruppenspezifischer aufbereitet werden als von fachfremden Personen (Abel & Wagner 2017, S. 139).

Die Annahme, dass ein grundsätzliches Interesse an der eigenständigen Erstellung von Content bei den Pflegenden vorliegt, ergibt sich aus den Befragungen von Nutzern/ Nutzerinnen des OMW. Der Großteil der Befragten (88%) signalisierte in einer Umfrage Bereitschaft für die Erstellung von Content (Gondermann 2020, S. 59)[16].

Um die Validität der dargebotenen Inhalte gewährleisten zu können, sollte die Verwendung und der Nachweis von wissenschaftlichen Quellen als Voraussetzung für die eigenständige Erstellung von Lernmaterialien gelten.

Zudem ist bei der Gestaltung auf eine möglichst große Methodenvielfalt zu achten, da hierdurch auf die unterschiedlichen Lerntypen Rücksicht genommen werden kann. Personen mit Lernblockaden, wie in diesem Fall einer Lese-Rechtschreibschwäche, kann entgegenge-

---

[16] Die Stichprobe der Befragung ist mit 27 Pflegenden und lediglich 18 rückläufigen Fragebogen gering, weshalb die Ergebnisse kritisch zu betrachten sind (Gondermann 2020, S. 59).

kommen werden, indem Handlungsketten, z. B. die Durchführung der Blutzuckermessung, anhand von Bildern dargestellt werden. Da Methodenvielfalt i. d. R. nicht zu den Kernkompetenzen von Pflegenden zählt, ist auch hier von einem Unterstützungsbedarf durch Bildungsfachpersonen auszugehen.

Die Lerninhalte, welche von den interviewten Personen als Bildungsbedarf genannt wurden (z. B. Wunden, Hygiene), lassen sich alle in Form von Microlearning umsetzen. Die Eigenschaften von Microcontent, wie die Unteilbarkeit des Inhalts, sind bei der Erstellung der Lernmaterialien zu berücksichtigen (Robes 2009, S. 5).

Den meisten Interviewten ist eine Rückmeldung über ihre Lernleistung wichtig. Durch die bisherigen Fort- und Weiterbildungen haben sie bereits verschiedene Arten von Feedback und didaktischer Interaktion, wie Testaufgaben in Form Multiple-Choice, kennengelernt. Microlearning bietet die Möglichkeit zum Feedback, allerdings mit Einschränkungen. Praktische Fertigkeiten, wie das Anlegen eines Kompressionsverbandes, können durch Microlearning, bspw. in Form eines Lernplakates, theoretisch vermittelt, aber nicht praktisch überprüft werden.

Berufliche Handlungskompetenz, welche im Setting der ambulanten Pflege notwendig ist, kann durch Microlearning somit zwar angebahnt und unterstützt, jedoch nicht gänzlich erworben werden. Zusätzlich gilt zu berücksichti-

gen, dass „... Kompetenzentwicklung nur selbstorganisiert durch die Lerner erfolgen ..." kann (Sauter & Sauter
2013, S. 14). Das Lernformat Microlearning fördert die
eigenständige Aneignung von Lerninhalten, setzt zugleich
aber ein hohes Maß an Selbstorganisation voraus.

Aus den Interviews geht hervor, dass die Bereitschaft der
Pflegepersonen, sich neues Wissen anzueignen, von den
Pflegenden und den Leitungspersonen tw. unterschiedlich
wahrgenommen wird. Einzelne Pflegenden beschreiben,
dass sie bei Wissenslücken auf Fachliteratur zurückgreifen oder eine eigenständige Internetrecherche durchführen, was für ein selbstorganisiertes Vorgehen spricht.
Beeinflusst wird dieses u. a. durch bspw. die verschiedenen Qualifikationen, sowie berufliche und lernbezogene
Erfahrungen. Eine der Leitungspersonen kritisiert jedoch
die, aus ihrer Sicht, mangelnde Lernbereitschaft mancher
Pflegepersonen.

An dieser Stelle lässt sich schwer voraussagen, inwieweit
Microlearning, wird es in diesem Pflegedienst implementiert, angenommen wird. Von Seiten der Leitungsebene
gilt es hier, die Erwartungen hinsichtlich der Nutzung klar
zu formulieren. Zu klären ist auch, inwieweit Microlearning
als Fortbildungszeit während der Arbeit abgerechnet werden kann. Als Beispiel für die Umsetzung der Anrechnung
von Microlearning-Einheiten als Arbeitszeit lohnt ein Blick
in andere Branchen, wie in die Versicherungswirtschaft.

Dort werden für die Anrechenbarkeit von Microlearning bspw. eine „… didaktische Zusammengehörigkeit …" (BWV 2019, S. 20) der Lerneinheiten und ein „… Zeitkontingent von [mind.] 15 Minuten …" (ebd.) vorausgesetzt.

Durch die Interviews mit den Leitungspersonen lässt sich ein Bildungsbedarf im Hinblick auf die Selbstreflexionsfähigkeit der Pflegenden erschließen. Von den Leitungen wird bspw. eine bessere Selbsteinschätzung der Pflegenden, in Bezug auf das fachliche Wissen und Können der Pflegenden, gewünscht. Microlearning trägt zu einer Verbesserung der Reflektionsfähigkeit bei, indem „positives und vor allem wiederholtes negatives Feedback … [dazu anregen], über den eigenen Lernprozess nachzudenken und Gründe für Schwierigkeiten zu suchen" (Petermandl 2014, S. 25).

Durch die Möglichkeit, Content eigenständig, ggfs. mit Unterstützung von Bildungsfachpersonen, zu gestalten und dadurch, dass unterschiedliche Formate, Methoden und Materialien zum Einsatz kommen können, wird die Kreativität und Flexibilität der Lernenden angeregt. Beides ist im Berufsalltag, durch bspw. Kundenwünsche und die gegebenen Rahmenbedingungen, gefordert.

Anhand der genannten Punkte, wie dem bestehenden Bildungsbedarf und den gegebenen Rahmenbedingungen, erscheint Microlearning in der ambulanten Pflege sinnvoll und umsetzbar. Einer der größten Konfliktpunkte liegt jedoch in der mangelnden Zeit.

Obwohl Microlearning gerade dafür gemacht zu sein zu scheint, Wissen innerhalb von kürzester Zeit zu vermitteln, benötigt es dennoch Zeit. Selbst wenn dies nur drei Minuten sind. Solche Wartezeiten gibt es in der ambulanten Pflege, nach Aussagen der interviewten Pflegenden, nicht[17]. Lernen ist nur nach Abschluss der Tour möglich und geht häufig mit Überstunden einher. Allerdings wird die Effektivität von Fort- und Weiterbildungen, welche nach Beendigung der Tour stattfinden, von den Pflegenden, aufgrund von Müdigkeit und mangelnder Konzentration, infrage gestellt. Hier ist es u. a. Aufgabe des Qualitätsmanagements, die Prozesse und Abläufe im Pflegedienst so zu verbessern, dass die Länge der Touren ein Lernen während der Arbeitszeit zulassen.

Eine Möglichkeit, welche von den Pflegenden im Interview nicht in Betracht gezogen wurde, ist es, die Fahrtzeit als Lernzeit, bspw. in Form von Podcasts, zu nutzen. Allerdings stellt sich die Frage, wie effektiv das Lernen wäh-

---

[17] Anmerkung: Im Anschluss an die Interviews wurden einigen Pflegepersonen und den Leitungen Beispiele für Wartezeiten, aus Sicht der Autorin, genannt (z. B. am Schlüsselkasten). Auf Nachfrage stimmten diese zu, dass es durchaus zu solchen vereinzelten Wartezeiten kommt (siehe Postskripte).
Die Interpretation des Begriffes ‚Wartezeit' scheint dementsprechend uneindeutig, was bei weiteren Untersuchungen zu berücksichtigen ist.

rend einer Autofahrt ist, da die Konzentration hauptsächlich auf dem Verkehr liegen sollte.

Die eigenständige Erstellung von Content durch die Pflegenden birgt verschiedene Vorteile, wie eine zielgruppenorientierte Gestaltung. Dennoch kostet auch das Zeit, da die Lerninhalte nicht nur aufbereitet, sondern ebenso kontinuierlich aktualisiert und angepasst werden müssen (Abel & Wagner 2017, S. 139).

Die Offenheit der Geschäftsführung und der Leitungspersonen hinsichtlich der Fort- und Weiterbildungswünsche der Pflegenden lässt darauf schließen, dass diese einer Implementation von einem arbeitsprozess- oder arbeitszeitintegriertem Microlearning nicht abgeneigt wären und hierfür Kosten, hauptsächlich in Form von Zeit, auf sich nehmen würden.

In dieser Arbeit wurden die individuellen Anforderungs- und Bildungsbedarfe der Pflegenden im ambulanten Setting am Beispiel eines konkreten Pflegedienstes erörtert. Soll Microlearning in der ambulanten Pflege implementiert werden bedarf es jedoch weiterer Schritte im Zuge eines umfassenden Konzeptes. Ein Konzeptentwurf als Vorschlag für die Implementierung des Lernformats Microlearning in der ambulanten Pflege ist in Anhang 9.10 beigefügt. Diesen gilt es nach der Umsetzung zu evaluieren und bei Bedarf anzupassen.

7 Fazit und weiterführende Gedanken

Ambulante Pflegedienste als „... selbstständig wirtschaftende Einrichtungen ..." (SGB XI §71 Abs. 1) sind in ihrem Bestand abhängig von ihrer Wettbewerbsfähigkeit. Hierbei spielt u. a. die Mitarbeiterrekrutierung eine Rolle. Die Investition einer Einrichtung in die Fort- und Weiterbildung der Mitarbeitenden, das Inkludieren des Lernens in die Arbeitszeit und das Interesse der Leitungsebene an der Verbesserung der Handlungskompetenz der Mitarbeitenden kann die Entscheidung für die Arbeit in entsprechendem Pflegedienst begünstigen (BMWi 2012, S. 10). Auch durch den digitalen Fortschritt und Globalisierungsprozesse gewinnt lebenslanges Lernen zunehmend an Wichtigkeit, wodurch die Pflegedienste „... zu einer lernenden Organisation" (Erpenbeck et al. 2016, S. 38) werden müssen, um konkurrenzfähig zu bleiben (Sammet & Wolf 2019, S. 3; Baumgartner 2014, S. 22). Die Anforderungen und Bildungsbedarfe, welche sich hierdurch ergeben, sind nicht nur branchen-, sondern auch personenspezifisch.

Den Forderungen nach lebenslangem Lernen und Kompetenzentwicklung stehen in der Pflege die knappen zeitlichen und personellen Ressourcen gegenüber (Becke et al. 2016, S. 13). Microlearning ist ein Lernformat, welches auf die Vermittlung von Wissen innerhalb kürzester Zeit ausgelegt ist, indem große Themen in kleine, kompakte, in sich abgeschlossene Sequenzen, unterteilt werden (Ettl-Huber 2020, S. 11–12).

Ziel der vorliegenden Arbeit war es, zu analysieren, welche Bildungsbedarfe das, vielfach positiv dargestellte, Lernformat Microlearning wie deckt bzw. adressiert und ob es den Anforderungen und Bildungsbedarfen der Lernenden in der betrieblichen Weiterbildung im Setting der ambulanten Pflege gerecht werden kann.

Folgenden Schritte wurden zur Zielerreichung durchgeführt:

1. Zuerst wurden die Bildungsbedarfe, welche durch Microlearning wie gedeckt werden können, identifiziert und die Ergebnisse im Zwischenfazit (Kapitel 2.4) zusammenfassend dargestellt.
2. Anhand einer Einzelfallstudie wurden die Anforderungen und Bildungsbedarfe von Pflegenden eines ambulanten Pflegedienstes mit Leitfadeninterviews erhoben (Kapitel 4) und exemplarisch dargestellt (Kapitel 5).
3. Abschließend wurde in Kapitel 6 anhand der Ergebnisse diskutiert, inwieweit das Lernformat Microlearning die Bildungsbedarfe von Pflegenden im Setting der ambulanten Pflege decken kann und inwiefern eine Umsetzung sinnvoll und möglich erscheint.

Im Bereich der ambulanten Pflege lassen sich vielfältige Bedarfe eruieren, wobei v. a. den Fach-, sozial-kommunikativen und -personalen Kompetenzen eine hohe Bedeutung zukommt. Selbstorganisation und Eigenverantwortung sind in diesem Setting ebenso gefordert wie interdisziplinäre Zusammenarbeit und aktuelles fachliches Wissen.

Das Lernformat Microlearning zeichnet sich durch eine kurze Zeitdauer, unmittelbares Feedback und didaktische Interaktion, sowie vielfältige Aufbereitungsmöglichkeiten (z. B. analoge und digitale Formate) aus. Außerdem durch eine orts- und zeitunabhängige Durchführung. Gleichzeitig kann Microlearning, laut Petermandl (2014), die beschriebenen Kompetenzen fördern, sowie das „… selbstständige und autonome Lernen …" (Miglbauer & Schallert 2020, S. 99) unterstützen (Petermandl 2014, S. 26). So spricht vieles für die Einführung von Microlearning im ambulanten Setting.

Trotz der genannten Vorteile ist Microlearning für den Bereich der ambulanten Pflege, nur bedingt, und abhängig von den vorherrschenden Rahmenbedingungen, geeignet. Kerres (2013) mahnt bspw., dass es sich bei Microlearning hauptsächlich um Faktenwissen handelt, welches innerhalb so kurzer Zeitspannen angeeignet werden kann (S. 137). In Konsequenz bedeutet dies, dass

Microlearning zwar eine Kompetenzentwicklung unterstützen kann, dieses Lernformat alleine jedoch nicht zum Erwerb umfassender Handlungskompetenz führt. Dementsprechend ist vor einer Implementation kritisch zu hinterfragen, ob das Lernformat Microlearning den individuellen Anforderungen und Bildungsbedarfen Rechenschaft tragen kann.

Inwieweit Microlearning die Kompetenzentwicklung von Pflegenden im ambulanten Bereich tatsächlich fördern kann, wird in weiteren Schritten zu untersuchen sein. Generell muss allen Beteiligten bewusst sein, dass es sich bei diesem Lernformat um keinen Ersatz, sondern lediglich um eine Ergänzung zu bereits bestehenden Lernangeboten handelt, indem Microlearning, bspw. im Rahmen von hybriden Konzepten wie Blended Learning, eine Verbindung zwischen formalen und informellen Lernformen schafft (Hug 2010a, S. 236; bpb 2021, o. S.).

Die Art und Weise, wie Microlearning im Unternehmen eingesetzt wird, bspw. ob arbeitszeit- oder arbeitsprozessintegriert, ist neben den Bedarfen abhängig von der Zielsetzung und den gegebenen Rahmenbedingungen (Ettl-Huber 2020, S. 18). Diese müssen bei der Erstellung eines Konzeptes zur Umsetzung von Microlearning in der ambulanten Pflege im Vorfeld, hinsichtlich u. a. zeitlicher, finanzieller, personeller und technischer Ressourcen überprüft werden. In Abhängigkeit davon entscheidet sich bspw., welche Art von Lernformat, digital oder analog, für den jeweiligen Pflegedienst infrage kommt.

Durch die enge Verbundenheit von Microlearning mit dem Mobile Learning und der zunehmenden Digitalisierung werden digitale Microlearning-Formate präferiert. In den Überlegungen dürfen jedoch die Vorteile einer kombinierten Lösung aus analogen und digitalen Angeboten, wie die Berücksichtigung verschiedener Lerntypen, nicht vernachlässigt werden.

Die Implementierung von Microlearning in der ambulanten Pflege kann nur gelingen, wenn alle Verantwortlichen das Konzept unterstützen, da es nicht nur mit Kosten verbunden ist, bspw. in Form von Zeit, sondern auch einer hohen Selbstorganisation, Motivation und (Selbst-) Reflexionsfähigkeit der Lernenden bedarf (Baumgartner 2014, S. 22). Wie viel selbstorganisiertes Lernen ein Pflegedienst zulassen will und kann, hängt u. a. von dessen Unternehmenskultur ab (Robes 2009, S. 16–17).

Abschließend lässt sich festhalten, dass Microlearning als ergänzendes Konzept in der betrieblichen Weiterbildung im Setting der ambulanten Pflege, v. a. im Zuge informellen Lernens, umgesetzt werden kann, es jedoch kritisch und individuell zu hinterfragen gilt, inwieweit andere Lernformate besser geeignet wären.

8 Literaturverzeichnis

Abel, J. & Wagner, P. S. (2017): Industrie 4.0: Mitarbeiterqualifizierung in KMU. In: *wt Werkstatttstechnik online* 107 (3), S. 134–140.

Agentur zur Förderung der beruflichen Weiterbildung in der Metall- und Elektroindustrie Baden- Württemberg e. V. (ArgenturQ) (Hg.) (2019): Gestalten Sie kurze Lerneinheiten wirksam und ansprechend: Stuttgart.

Arnold, R. (2010a): Ermöglichungsdidaktik. In: Arnold, R., Nolda, S. & Nuissl, E. (Hg.): Wörterbuch Erwachsenenbildung. 2. überarbeitete Auflage. Bad Heilbrunn: Klinkhardt, S. 79–80.

Arnold, R. (2010b): Erwachsenwerden. In: Arnold, R., Nolda, S. & Nuissl, E. (Hg.): Wörterbuch Erwachsenenbildung. 2. überarbeitete Auflage. Bad Heilbrunn: Klinkhardt, S. 92–94.

Arnold, R. (2010c): Kompetenz. In: Arnold, R., Nolda, S. & Nuissl, E. (Hg.): Wörterbuch Erwachsenenbildung. 2. überarbeitete Auflage. Bad Heilbrunn: Klinkhardt, S. 172–173.

Arnold, R. (2010d): Selbstorganisation - Selbststeuerung. In: Arnold, R., Nolda, S. & Nuissl, E. (Hg.): Wörterbuch Erwachsenenbildung. 2. überarbeitete Auflage. Bad Heilbrunn: Klinkhardt, S. 263–265.

Arnold, R. (2012): Ermöglichungsdidaktik - die notwendige Rahmung einer nachhaltigen Kompetenzreifung. In: *Berufsbildung in Wissenschaft und Praxis (BWP)* 41 (2), S. 45–48.

Arnold, R. (2014): Bausteine der Erwachsenendidaktik. Studienbrief EB0120 des Master- Fernstudiengangs Erwachsenenbildung der TU Kaiserslautern. Unveröffentlichtes Manuskript. 1. Auflage. Kaiserslautern.

Arnold, R. (2015a): Porträts und Konzeptionen zur Erwachsenenbildung. Studienbrief EB0110 des Master- Fernstudiengangs Erwachsenenbildung der TU Kaiserslautern. Unveröffentlichtes Manuskript. 3. aktualisierte, überarbeitete Auflage. Kaiserslautern.

Arnold, R. (2015b): Weiterlernen als Lebensform - Zwischen Entgrenzung und Emotionalität. Studienbrief EB0210 des Master- Fernstudiengangs Erwachsenenbildung der TU Kaiserslautern. Unveröffentlichtes Manuskript. 1. Auflage. Kaiserslautern.

Arnold, R. & Schön, M. (2019): Ermöglichungsdidaktik. Ein Lernbuch. 1. Auflage. Bern: hep.

Baldwin, A. (2020): Die Akzeptanz unterschiedlicher Micro-Learning-Formate bei UserInnen. In: Ettl-Huber, S., Baldwin, A., Kummer, C. & Trinkl, N. (Hg.): Micro-Learning in der Personalentwicklung. Ein Band des Jahrgangs 2018 des Masterstudiengangs Human Resource Management und Arbeitsrecht Mittel- und Osteuropa an der FH Burgenland. Graz, Wien: Leykam, S. 39–74.

Bathke, S. (2004): Beschäftigte im Arbeitsfeld ambulante Pflege auf dem Weg zum personenbezogenen Arbeitskraftunternehmer? Arbeitsbedingungen, Berufsbilder und Motivationen eines Berufsfeldes im Wandel. Freiburg i. Br.: Lambertus.

Baumgartner, P. (2013): Warum gewinnt Microlearning zukünftig an Bedeutung? In: MicroLearning: Managing Innovation from Universities into Markets. Salzburg, S. 24–25.

Baumgartner, P. (2014): Lernen in Häppchen. Microlearning als Instrument der Personalentwicklung. In: Personal Manager (1), S. 20–22.

Baur, N. & Blasius, J. (2014): Methoden der empirischen Sozialforschung. Ein Überblick. In: Baur, N. & Blasius, J. (Hg.): Handbuch Methoden der empirischen Sozialforschung. Wiesbaden: Springer VS, S. 41–64.

Baur, N. & Blasius, J. (Hg.) (2019): Handbuch Methoden der empirischen Sozialforschung. 2. vollständig überarbeitete, erweiterte Auflage. Wiesbaden: Springer Nature.

Becke, G.; Bleses, P. & Goldmann, M. (2016): Soziale Innovationen – eine neue Perspektive für die Arbeitsforschung im Feld sozialer und gesundheitsbezogener Dienstleistungen. In: Becke, G., Bleses, P., Frerichs, F., Goldmann, M., Hinding, B. & Schweer, M. K.W. (Hg.): Zusammen - Arbeit - Gestalten. Soziale Innovationen in sozialen und gesundheitsbezogenen Dienstleistungen. Wiesbaden: Springer, S. 9–31.

Berufsbildungswerk der Deutschen Versicherungswirtschaft e. V. (BWV) (Hg.) (2019): Anrechnungsregeln: Branchenstandard zur Umsetzung der gesetzlichen Weiterbildungsverpflichtung und der Initiative *gut beraten*. Regelmäßige Weiterbildung der vertrieblich Tätigen in der Versicherungswirtschaft. 2. Auflage. Augsburg, München.

BigBlueButton (2021): BigBlueButton | Open Source Virtual Classroom Software. Online verfügbar unter https://bigbluebutton.org/, zuletzt aktualisiert am 31.08.2021, zuletzt geprüft am 27.11.2021.

Bleses, P. & Jahns, K. (2015): Neugestaltung der Koordination und Interaktion in der ambulanten Pflege: Chancen und Anforderungen für Führungs- und Pflegekräfte. In: Becke, G. & Bleses, P. (Hg.): Interaktion und Koordination. Das Feld sozialer Dienstleistungen. Wiesbaden: Springer VS, S. 53–70.

Bleses, P. & Jahns, K. (2016): Soziale Innovationen in der ambulanten Pflege. In: Becke, G., Bleses, P., Frerichs, F., Goldmann, M., Hinding, B. & Schweer, M. K.W. (Hg.): Zusammen - Arbeit - Gestalten. Soziale Innovationen in sozialen und gesundheitsbezogenen Dienstleistungen. Wiesbaden: Springer, S. 127–144.

Bliss, F. R.; Johanning, A. & Schicke, H. (2006): Communities of Practice – Ein Zugang zu sozialer Wissensgenerierung. Berlin. Online verfügbar unter https://www.die-bonn.de/esprid/dokumente/doc-2006/bliss06_01.pdf, zuletzt geprüft am 23.11.2021.

Bögelein, N. & Vetter, N. (2019): Deutungsmuster als Forschungsinstrument. Grundlegende Perspektiven. In: Bögelein, N. & Vetter, N. (Hg.): Der Deutungsmusteransatz. Einführung - Erkenntnisse -

Perspektiven. 1. Auflage. Weinheim, Basel: Beltz Juventa, S. 12–39.

Bretschneider, M. (2006): Kompetenzentwicklung aus der Perspektive der Weiterbildung. In: *Deutsches Institut für Erwachsenenbildung.*

Brüsemeister, T. (2008): Qualitative Forschung. Ein Überblick. 2., überarbeitete Auflage. Wiesbaden: VS Verlag für Sozialwissenschaften.

Buchem; Ilona; Ebner; Martin; Schön; Sandra et al. (2013): Blogging und Microblogging. Anwendungsmöglichkeiten im Bildungskontext. In: Ebner, M. & Schön, S. (Hg.): L3T. Lehrbuch für Lernen und Lehren mit Technologien. 2. Auflage, o. S.

Bundesinstitut für Berufsbildung (BIBB) (Hg.) (2013): Fortbildungsordnungen und wie sie entstehen... Bielefeld: W. Bertelsmann.

Bundesministerium für Gesundheit (BMG) (Hg.) (2021): Ratgeber Pflege. Alles, was Sie zum Thema Pflege wissen sollten. 23. aktualisierte Auflage. Berlin.

Bundesministerium für Wirschaft und Technologie (BMWi) (Hg.) (2012): Fachkräfte sichern. Weiterbildung in kleinen und mittleren Unternehmen (KMU).

Bundesministerium für Wirtschaft und Energie (BMWi) & Bundesministerium für Bildung und Forschung

(BMBF) (Hg.) (2021): Was ist Industrie 4.0? Online verfügbar unter https://www.plattform-i40.de/PI40/Navigation/DE/Industrie40/WasIndustrie40/was-ist-industrie-40.html, zuletzt aktualisiert am 05.09.2021, zuletzt geprüft am 05.09.2021.

Bundeszentrale für politische Bildung (bpb) (2020): Demografischer Wandel. Online verfügbar unter https://www.bpb.de/nachschlagen/zahlen-und-fakten/soziale-situation-in-deutschland/147368/themengrafikdemografischer-wandel, zuletzt geprüft am 10.06.2021.

Bundeszentrale für politische Bildung (bpb) (2021): Hybrides Lernen – aber wie? Online verfügbar unter https://www.bpb.de/lernen/digitale-bildung/werkstatt/325751/hybrides-lernen-aber-wie, zuletzt aktualisiert am 19.01.2021, zuletzt geprüft am 07.11.2021.

Cardoz, J. (2019): Mit Microlearning das Maximum herausholen. Wie Sie Ihre Micorlearning-Strategie erstellen und optimieren. Ein Leitfaden von Josh Cardoz. SwissVBS.

Daxberger, S.; Wirth, L. Maria; Siemer, M. & Hülsken-Giesler, M. (2018): Ambulante Pflege: Entlastung durch Smartphones? Forschungsprojekt. In: *Die Schwester Der Pfleger* 57 (8), S. 26–29.

Decker, J.; Wesseloh, H. & Schumann, M. (2016): Anforderungen an mobile Micro Learning Anwendungen mit Gamification-Elementen in Unternehmen. In: Knoll, M. & Meinhardt, S. (Hg.): Mobile Computing. Grundlagen - Prozesse und Plattformen - Branchen und Anwendungsszenarien. Wiesbaden: Springer Vieweg, S. 173–188.

Dehnbostel, P. (2005): Konstitution reflexiven Handelns im arbeitsbezogenen Lernen. Erwachsenenbildung im betrieblichen Kontext. In: *Report* 28 (1), S. 208–214.

Dehnbostel, P. (2008): Lern- und kompetenzförderliche Arbeitsgestaltung. In: Bundesinstitut für Berufsbildung (BIBB) (Hg.): Lernen im Arbeitsprozess. Berufsbildung in Wissenschaft und Praxis 37 (2), S. 5–8.

Deutscher Qualifikationsrahmen für lebenslanges Lernen (DQR) (2011): Der Deutsche Qualifikationsrahmen für lebenslanges Lernen. Verabschiedet vom Arbeitskreis Deutscher Qualifikationsrahmen (AK DQR) am 22. März 2011.

Deutscher Qualifikationsrahmen für lebenslanges Lernen (DQR) (2020): Liste der zugeordneten Qualifikationen. Aktualisierter Stand: 1. August 2020. Hg. v. Bundesministerium für Bildung und Forschung

(BMBF) und Kultusministerkonferenz (KMK), zuletzt aktualisiert am 30.07.2020.

Dorba, K. (2020): Praxisanleitung. nach dem Pflegeberu-
fegesetz ab 2020. Hg. v. Bundesamt für Familie
und zivilgesellschaftliche Aufgaben (BAFzA).

Döring, N. & Bortz, J. (2016a): Datenaufbereitung. In:
Döring, N. & Bortz, J. (Hg.): Forschungsmethoden
und Evaluation in den Sozial- und Humanwissenschaften. 5. vollständig überarbeitete, aktualisierte,
erweiterte Auflage. Berlin, Heidelberg: Springer, S.
579–596.

Döring, N. & Bortz, J. (2016b): Datenerhebung. In: Döring,
N. & Bortz, J. (Hg.): Forschungsmethoden und
Evaluation in den Sozial- und Humanwissenschaften. 5. vollständig überarbeitete, aktualisierte, erweiterte Auflage. Berlin, Heidelberg: Springer, S.
321–397.

Döring, N. & Bortz, J. (2016c): Empirische Sozialfor-
schung im Überblick. In: Döring, N. & Bortz, J.
(Hg.): Forschungsmethoden und Evaluation in den
Sozial- und Humanwissenschaften. 5. vollständig
überarbeitete, aktualisierte, erweiterte Auflage.
Berlin, Heidelberg: Springer, S. 3–30.

Döring, N. & Bortz, J. (2016d): Wissenschaftstheoretische Grundlagen der empirischen Sozialforschung. In: Döring, N. & Bortz, J. (Hg.): Forschungsmethoden und Evaluation in den Sozial- und Humanwissenschaften. 5. vollständig überarbeitete, aktualisierte, erweiterte Auflage. Berlin, Heidelberg: Springer, S. 31–80.

Dresing, T. & Pehl, T. (2015): Praxisbuch Interview, Transkription & Analyse. Anleitungen und Regelsysteme für qualitativ Forschende. 6. Auflage. Marburg: Eigenverlag. Online verfügbar unter www.audiotranskription.de/praxisbuch, zuletzt geprüft am 07.10.2021.

Eppler, F.; Monninger, M.; Schempf, B.; Stock, J.-P. & Häske, D. (2019): One Minute Wonder – Fachwissen to go. In: *Notfall + Rettungsmedizin* 22 (7), S. 642–644, zuletzt geprüft am 16.05.2021.

Erpenbeck, J. & Sauter, S. (2020): Werte und Normen in der Berufsbildung. In: Arnold, R., Lipsmeier, A. & Rohs, M. (Hg.): Handbuch Berufsbildung. 3. Auflage. Wiesbaden: Springer VS, S. 177–188.

Erpenbeck, J.; Sauter, S. & Sauter, W. (2016): Social Workplace Learning. Kompetenzentwicklung im Arbeitsprozess und im Netz in der Enterprise 2.0. Wiesbaden: Springer Gabler.

Erpenbeck, J. & Sauter, W. (2010a): Kompetenzen erkennen und finden. Studienbrief EB0810 des Master- Fernstudiengangs Erwachsenenbildung der TU Kaiserslautern. Unveröffentlichtes Manuskript. 1. Auflage. Kaiserslautern.

Erpenbeck, J. & Sauter, W. (2010b): Kompetenzentwicklung ermöglichen. Studienbrief EB0820 des Master- Fernstudiengangs Erwachsenenbildung der TU Kaiserslautern. Unveröffentlichtes Manuskript. 1. Auflage. Kaiserslautern.

Erpenbeck, J. & Sauter, W. (2013): So werden wir lernen! Kompetenzentwicklung in einer Welt fühlender Computer, kluger Wolken und sinnsuchender Netze. Berlin, Heidelberg: Springer Gabler.

Erpenbeck, J. & Sauter, W. (2015): Kompetenzentwicklung mit humanoiden Computern. Die Revolution des Lernens via Cloud Computing und semantischen Netzen. Wiesbaden: Springer Gabler.

Ettl-Huber, S. (2020): Einsatzfelder von Micro-Learning in der Personalentwicklung. In: Ettl-Huber, S., Baldwin, A., Kummer, C. & Trinkl, N. (Hg.): Micro-Learning in der Personalentwicklung. Ein Band des Jahrgangs 2018 des Masterstudiengangs Human Resource Management und Arbeitsrecht

Mittel- und Osteuropa an der FH Burgenland. Graz, Wien: Leykam, S. 11–38.

Flick, U.; von Kardorff, E. & Steinke, I. (Hg.) (2015): Qualitative Forschung. Ein Handbuch. 11. Auflage. Reinbek bei Hamburg: Rowohlt.

Forschungsdatenzentrum Bildung am Deutschen Institut für Internationale Pädagogische Forschung (FDZ Bildung am DIPF) (Hg.) (2014): Hinweise zur Anonymisierung von qualitativen Daten. Version 1.0. *forschungsdaten bildung informiert* (1). Frankfurt am Main.

Geraedts, M.; Holle, B.; Vollmar, H. C. & Bartholomeyczik, S. (2011): Qualitätsmanagement in der ambulanten und stationären Pflege. Aktuelle Entwicklungen und Besonderheiten. In: *Bundesgesundheitsblatt, Gesundheitsforschung, Gesundheitsschutz* 54 (2), S. 185–193.

Gesellschaft für innovative Beschäftigungsförderung mbH (G.I.B.) (Hg.) (2021): Non-formales oder nichtformales Lernen — Weiterbildungsberatung NRW. MAGS NRW. Online verfügbar unter https://www.weiterbildungsberatung.nrw/themen/glossar/non-formales-oder-nichtformales-lernen, zuletzt aktualisiert am 26.11.2021, zuletzt geprüft am 26.11.2021.

Gieseke, W. (2008): Bedarfsorientierte Angebotsplanung in der Erwachsenenbildung. Bielefeld: Bertelsmann (Studientexte für Erwachsenenbildung).

GKV-Spitzenverband (Hg.) (2017): Prüfanleitung zum Erhebungsbogen zur Prüfung der Qualität nach den §§ 114 ff. SGB XI in der ambulanten Pflege. QPR, Teil 1, ambulante Pflege, Anlage 2, 27.09.2017. Online verfügbar unter https://www.gkv-spitzenver-band.de/media/dokumente/pflegeversicherung/rich tli-nien__vereinbarungen__formulare/richtlinien_und _grundsaetze_zur_qualitaetssicherung/qpr_2017/2 017_11_27_QPR-Teil_1_aP_Anlage_2_genehmigt.pdf, zuletzt aktualisiert am 27.11.2017, zuletzt geprüft am 03.10.2021.

Glahn, C. & Gruber, M. R. (2019): Flexibel in neuen Kontexten lernen. In: *Zeitschrift für Hochschulentwicklung* 14 (3), S. 235–255.

Gondermann, M. (2020): "One Minute Wonder" auf dem Tablet. Fortbildungsmethode. In: *Pflegenintensiv* (4), S. 58–59.

Hackmann, M. (2005): Lehren und Lernen in der ambulanten Pflege. Ein Arbeitsbuch für die Ausbildungspraxis. Hannover: Brigitte Kunz.

Hardes, H.-D. & Gieg, M. (2005/2006): PBSF im Hauptstudium – Teil II „Betriebliche Altersversorgung im internationalen Vergleich". Universität Trier.

Hasenbein, M. (2020): Der Mensch im Fokus der digitalen Arbeitswelt. Wirtschaftspsychologische Perspektiven und Anwendungsfelder. Berlin, Heidelberg: Springer.

Heister, M. (2016): Die Studie im Detail. Fragestellung: Wie kann Weiterbildung im digitalen Zeitalter so effektiv wie möglich gestaltet werden? In: Vodafone Stiftung Deutschland gGmbH (Hg.): Gebrauchsanweisung fürs lebenslange Lernen. Erkenntnisse zur Weiterbildung und wie Betriebe sowie Mitarbeiter sie einsetzen können. Eine Studie der Hochschule für angewandtes Management, gefördert von der Vodafone Stiftung Deutschland und unter Beratung des Bundesinstitut für Berufsbildung (BIBB). Düsseldorf, 15–19.

Helfferich, C. (2019): Leitfaden- und Experteninterviews. In: Baur, N. & Blasius, J. (Hg.): Handbuch Methoden der empirischen Sozialforschung. 2. vollständig überarbeitete, erweiterte Auflage. Wiesbaden: Springer Nature, S. 669–686.

Helmrich, R. & Leppelmeier, I. (2020): Sinkt die Halbwertszeit von Wissen? Theoretische Annahmen und empirische Befunde. Hg. v. Bundesinstitut für Berufsbildung (BIBB). Bonn.

Hering, L. & Jungmann, R. (2019): Einzelfallanalyse. In: Baur, N. & Blasius, J. (Hg.): Handbuch Methoden der empirischen Sozialforschung. 2. vollständig überarbeitete, erweiterte Auflage. Wiesbaden: Springer Nature, S. 619–632.

Hermann, C. (2014): Die kombinierte Touren- und Personaleinsatzplanung von Pflegediensten. Teil 1: Literatur und Modell. Hg. v. Die Professoren des Instituts für Wirtschaft und Verkehr der TU Dresden. Technische Universität Dresden (Diskussionsbeiträge aus dem Institut für Wirtschaft und Verkehr, 1).

Hielscher, V.; Sabine, K.-P.; Nock, L. & Blass, K. (2013): Fallstudie ambulante Pflege. In: Hielscher, V., Nock, L., Kirchen-Peters, S. & Blass, K. (Hg.): Zwischen Kosten, Zeit und Anspruch. Wiesbaden: Springer, S. 89–128.

Hug, T. (2010a): Mikrolernen – konzeptionelle Überlegungen und Anwendungsbeispiele. In: Herzig, B., Meister, D. M., Moser, H. & Niesyto, H. (Hg.): Jahrbuch Medienpädagogik 8. Wiesbaden: VS Verlag für Sozialwissenschaften, S. 221–238.

Hug, T. (2010b): Mikrolernen und bricolierende Bildung. Theoretisch motivierte Erwägungen und Praxisbeispiele. In: Bachmair, B. (Hg.): Medienbildung in neuen Kulturräumen. Die deutschsprachige und britische Diskussion. 1. Auflage. Wiesbaden: VS Verlag für Sozialwissenschaften, S. 197–212.

Hug, T. (2018): Mikrolernen und mobiles Lernen. In: de Witt, C. & Gloerfeld, C. (Hg.): Handbuch Mobile Learning. Wiesbaden: Springer Nature, S. 321–340.

Hussy, W.; Schreier, M. & Echterhoff, G. (2013): Forschungsmethoden in Psychologie und Sozialwissenschaften für Bachelor. 2. überarbeitete Auflage. Berlin, Heidelberg: Springer Medizin.

Idler, N. (2020): Kompetenzen kombinieren. 360° Pflege – Qualifikationsmix in der ambulanten Versorgung. In: *Die Schwester Der Pfleger* (2), S. 48–52.

inside-online (2020): Lern-und-Performance-Architektur. Online verfügbar unter https://www.inside-online.de/wp-content/uploads/2020/01/Lern-und-Performance-Architektur_2020.pdf, zuletzt geprüft am 08.11.2021.

International Council of Nurses (ICN) (Hg.) (2014): ICN-Ethikkodex für Pflegende. Genf, Berlin.

Kamin, A.-M. (2013): Beruflich Pflegende als Akteure in digital unterstützten Lernwelten. Empirische Rekonstruktion von berufsbiografischen Lernmustern. Wiesbaden: Springer VS.

Kärchner-Ober, R. (o. J.): LE 4 Lernkurve, Gedächtnis. Online verfügbar unter https://www.uni-du-e.de/imperia/md/images/iw/de/studium/le4_ged%C3%A4chtnis.pdf, zuletzt geprüft am 24.09.2021.

Keller, K. (2020): Bewegung im Porzellanladen - neue Lernarchitektur durch Micro-Learning. In: Keller, K. (Hg.): Arbeitsintegriertes Lernen in der Personal- und Organisationsentwicklung. Verschiedene Perspektiven aus Praxis und Theorie. Berlin, Heidelberg: Springer Gabler, S. 95–114.

Kerres, M. (2013): Mediendidaktik. Konzeption und Entwicklung mediengestützter Lernangebote. 4. überarbeitete aktualisierte Auflage. München: OLDENBOURG WISSENSCHAFTSVERLAG.

Kind, J. & Zink, A. (2021): One Minute Wonder – ergänzende, effiziente Wissensvermittlung auf einen Blick. In: *Der Hautarzt; Zeitschrift für Dermatologie, Venerologie, und verwandte Gebiete* 72 (1), S. 42.

Kludig, R. & Friemer, A. (2020): Blended Learning in der ambulanten Pflege: Partizipative Gestaltung unter Berücksichtigung der Diversität von Pflegekräften. In: Bleses, P., Busse, B. & Friemer, A. (Hg.): Digitalisierung der Arbeit in der Langzeitpflege als Veränderungsprojekt. Berlin, Heidelberg: Springer, S. 117–133.

Koschorreck, J. (o. J.): Lernen mit Blogs. Handlungsanleitung. DIE. Online verfügbar unter file:///C:/Users/kraft/AppData/Local/Temp/HA%20Lernen%20mit%20Blogs_%20Logowei%C3%9F.pdf, zuletzt aktualisiert am 08.11.2021, zuletzt geprüft am 08.11.2021.

Krüger, L. & Mannebach, T. (2021): OMW-Netzwerk. HDZ NRW. Online verfügbar unter https://omw.hdz-nrw.de/omw-netzwerk.html, zuletzt aktualisiert am 03.11.2021, zuletzt geprüft am 03.11.2021.

Krüger, L.; Mannebach, T.; Wefer, F. & Bolte, C. (2021): One Minute Wonder – Fortbildung während der Arbeitszeit. Evaluationsstudie nach Implementierung von One Minute Wonder auf Intensivstationen. In: *HBScience* 12 (1-2), S. 22–29.

Kuckartz, U. (2018): Qualitative Inhaltsanalyse. Methoden, Praxis, Computerunterstützung. 4. Auflage. Weinheim, Basel: Beltz Juventa.

Kuhlmey, A. (2009): Multimorbidität und Pflegebedürftigkeit im Alter – Herausforderungen für die Prävention. In: *Pflege & Gesellschaft* 14 (4), S. 293–373.

Landis, J. R. & Koch, G. G. (1977): The Measurement of Observer Agreement for Categorical Data. In: *Biometrics* 33 (1), S. 159–174.

Lipusch, A. Maria (2010): Fort- und Weiterbildung in der Pflege: gesetzliche Pflichterfüllung oder wesentlicher Indikator der Arbeitszufriedenheit? Eine quantitative Studie zur Erhebung der Arbeitszufriedenheit bei Pflegekräften im Rahmen der Personalentwicklung in den Seniorenhäusern der steirischen KräuterGarten-Gruppe. Masterarbeit. Medizinische Universität Graz. Institut für Pflegewissenschaft.

Lorenz, A. (2010): Über kurz oder lang. Ein Schlichtungsversuch zur Debatte über Micro- und Macrolearning. In: Albrecht, F. (Hg.): 8. Workshop on e-Learning. Hochschule Zittau/ Görlitz. Zittau: Zentrum für eLearning (vol. 107 Wissenschaftliche Berichte), S. 1–11.

Mayring, P. (2015): Qualitative Inhaltsanalyse. Grundlagen und Techniken. 12. überarbeitete Auflage. Weinheim, Basel: Beltz.

Medienanstalt Rheinland-Pfalz (Hg.) (2021): Was ist Instant Messaging? Bestandteil der Initiative klicksafe im CEF (Connecting Europe Facility) Telecom Programm der Europäischen Union. Online verfügbar unter https://www.klicksafe.de/themen/kommunizieren/instant-messenger/was-ist-instant-messaging/, zuletzt aktualisiert am 05.12.2021, zuletzt geprüft am 05.12.2021.

Mey, G. & Mruck, K. (2010): Interviews. In: Mey, G. & Mruck, K. (Hg.): Handbuch qualitative Forschung in der Psychologie. 1. Auflage. Wiesbaden: VS Verlag für Sozialwissenschaften, S. 423–436.

Miglbauer, M. & Schallert, S. (2020): Gelingendes und motivierendes Mikrolernen mit CoffeeCupLearning. In: *Journal für LehrerInnenbildung* 20 (1), S. 98–105.

Mittnacht, B. (2009): Qualitätsentwicklung und Nachhaltigkeit im Kontext häuslicher Pflegearrangements

Entwicklungstrends und Perspektiven. Dissertati-
on. Universität Bremen.

mmb Institut - Gesellschaft für Medien- und Kompetenz-
forschung mbH (mmb Institut) (Hg.) (2020):
KI@Ed noch nicht in der Fläche angekommen. Ergebnisse der 14. Trendstudie „mmb Learning Delphi". Weiterbildung und Digitales Lernen heute und
in drei Jahren. *mmb-Trendmonitor 2019/2020.*

Müssig, C. (2020a): Microlearning: Kurze Lerneinheiten
machen fit. In: *Pflege* 73 (8), S. 40–43.

Müssig, C. (2020b): Microlearning: Lernen im Minutentakt.
In: *Heilberufe* 72 (3), S. 52–53.

Ortmann-Welp, E. (2020): Digitale Lernangebote in der
Pflege. Neue Wege der Mediennutzung in der
Aus-, Fort- und Weiterbildung: Springer.

Petermandl, M. (2014): Wie Microlearning dabei helfen
kann, Kompetenzen zu entwickeln. Mehr als reine
Wissensvermittlung. In: *personalmanager* (1), S.
24–26.

Pöser, S. & Bleses, P. (2018): Digitalisierung der Arbeit in
der ambulanten Pflege im Land Bremen: Praxis
und Gestaltungsbedarfe digitaler Tourenbegleiter.
Reihe Arbeit und Wirtschaft in Bremen, No. 25.

Universität Bremen und Arbeitnehmerkammer Bremen. Institut Arbeit und Wirtschaft (IAW).

Przyborski, A. & Wohlrab-Sahr, M. (2014): Forschungsdesigns für die qualitative Sozialforschung. In: Baur, N. & Blasius, J. (Hg.): Handbuch Methoden der empirischen Sozialforschung. Wiesbaden: Springer VS, S. 117–134.

Quibeldey-Cirkel, K. (2018): Lehren und Lernen mit Audience Response Systemen. In: de Witt, C. & Gloerfeld, C. (Hg.): Handbuch Mobile Learning. Wiesbaden: Springer Nature, S. 809–840.

Quilling, K. (2015): Ermöglichungsdidaktik. In: *DIE Zeitschrift für Erwachsenenbildung*. Online verfügbar unter https://www.die-bonn.de/wb/2015-ermoeglichungsdidaktik-01.pdf, zuletzt geprüft am 02.09.2021.

Rensing, C. & Després, L. (2018): Microlearning: Kurze Lerneinheiten auf dem Smartphone nutzen. Darmstadt.

Robes, J. (2009): Microlearning und Microtraining: Flexible Kurzformate in der Weiterbildung. In: Hohenstein, A. & Wilbers, K. (Hg.): Handbuch E-Learning. 30. Ergänzungslieferung. Köln: Wolters Kluwer, S. 1–20.

Robes, J. (2020): Die Zeit im Online-Lernen. Über kurze Einheiten, Moments of Needs und Selbstorganisation. In: *Magazin erwachsenenbildung.at* 41 (7).

Rohs, M. (2014): Konzeptioneller Rahmen zum Verhältnis formellen und informellen Lernens. In: *Schweizerische Zeitschrift für Bildungswissenschaften* 36 (3), S. 391–406.

Roth, M. & Groß, R. (2018): Die Akzeptanz von digitalen Lösungen im ambulanten Pflegebereich. In: Pfannstiel, M. A., Krammer, S. & Swoboda, W. (Hg.): Digitale Transformation von Dienstleistungen im Gesundheitswesen IV. Impulse für die Pflegeorganisation. Wiesbaden: Springer Gabler, S. 51–68.

Sammet, J. & Wolf, J. (2019): Vom Trainer zum agilen Lernbegleiter. So funktioniert Lehren und Lernen in digitalen Zeiten. Berlin, Heidelberg: Springer.

Sauter, W. & Sauter, S. (2013): Workplace Learning. Integrative Kompetenzentwicklung mit kooperativen und kollaborativen Lernsystemen. Berlin, Heidelberg: Springer Gabler.

Schmidt, S. & Herstix, L. (2012): Der Deutsche Qualifikationsrahmen für lebenslanges Lernen - Bildungspolitische Optionen. In: Büchter, K., Dehnbostel, P.

& Hanf, G. (Hg.): Der Deutsche Qualifikationsrahmen (DQR). Ein Konzept zur Erhöhung von Durchlässigkeit und Chancengleichheit im Bildungssystem? Bielefeld: W. Bertelsmann (Berichte zur beruflichen Bildung), S. 17–22.

Schüßler, I. & Kilian, L. (2017): Zum Wandel akademischer Lehr-Lernkulturen: Von erzeugungs- zu ermöglichungsdidaktischen Lehr-Lernarrangements. In: Griesehop, H. Rosa & Bauer, E. (Hg.): Lehren und Lernen online. Lehr- und Lernerfahrungen im Kontext akademischer Online-Lehre. Wiesbaden: Springer VS, S. 83–108.

Severing, E. et al. (2014): Strategien und Methoden der betrieblichen Weiterbildung. Studienbrief EB1410 des Master- Fernstudiengangs Erwachsenenbildung der TU Kaiserslautern. Unveröffentlichtes Manuskript. 2. aktualisierte, überarbeitete Auflage. Kaiserslautern.

Shail, M. S. (2019): Using Micro-learning on Mobile Applications to Increase Knowledge Retention and Work Performance. A Review of Literature. In: *Cureus* 11 (8), S. 1–9.

Siebert, H. (2015a): Lernstile und Lernschwierigkeiten. Studienbrief EB330 des Master- Fernstudiengangs Erwachsenenbildung der TU Kaiserslautern. Un-

veröffentlichtes Manuskript. 4. aktualisierte, überarbeitete Auflage. Kaiserslautern.

Siebert, H. (2015b): Menschenbild und Bildungsanspruch.
Studienbrief EB0310 des Master- Fernstudiengangs Erwachsenenbildung der TU Kaiserslautern. Unveröffentlichtes Manuskript. 4. aktualisierte, überarbeitete Auflage. Kaiserslautern.

Siebert, H. (2019): Didaktisches Handeln in der Erwachsenenbildung. Didaktik aus konstruktivistischer
Sicht. 8. bearbeitete Auflage. Augsburg: Ziel.

Siepmann, F. (Hg.) (2021): eLearning BENCHMARKING
Studie. Teilstudie. Bildungsmanagement und digi-
tale Didaktik. Hagen im Bremischen: Siepmann
Media.

Simon, C. (2021): Padlet: Die digitale Pinnwand für den
Unterricht. In: *Das Deutsche Schulportal*, 2021.
Online verfügbar unter https://deutsches-
schulportal.de/unterricht/app-tipp-padlet-die-
digitale-pinnwand-fuer-den-unterricht/, zuletzt geprüft am 29.11.2021.

Spitzenverband Bund der Pflegekassen nach § 53 SGB
XI (GKV-Spitzenverband) (2015): Vereinbarung
nach § 115 Abs. 1a Satz 8 SGB XI über die Kriterien der Veröffentlichung sowie die Bewertungs-

systematik der Qualitätsprüfungen nach § 114 Abs. 1 SGB XI von ambulanten Pflegediensten - Pflege-Transparenzvereinbarung ambulant (PTVA)-7. Dezember 2015. Online verfügbar unter https://www.gkv-spitzenver-band.de/media/dokumente/pflegeversicherung/richtli-nien__vereinbarungen__formulare/transparenzver einbarun-gen/pvta_neu_ab_2017_01_01_ambulant/2015_12_15_Pflege_ambulant_PTVA.pdf, zuletzt aktualisiert am 07.12.2015, zuletzt geprüft am 03.09.2021.

Spitz-Köberich, C. (2018): Eine Minute Zeit für eine Fortbildung. In: Universitäts-Herzzentrum Freiburg, Bad Krozingen (UHZ) (Hg.): o. T. UHZ aktuell (22), S. 12–13.

Stadtler, D. (2009): Arbeitsbedingungen und Arbeitsbelastungen in der ambulanten Pflege vor dem Hintergrund des Demografischen Wandels. Masterarbeit. Ruhr-Universität Bochum. Fakultät für Sozialwissenschaft.

Statistisches Bundesamt (Destatis) (Hg.) (2020): Pflege-statistik. Pflege im Rahmen der Pflegeversiche-rung - Deutschlandergebnisse. 2019.

Steinke, I. (2015): Gütekriterien qualitativer Forschung. In: Flick, U., von Kardorff, E. & Steinke, I. (Hg.): Quali-tative Forschung. Ein Handbuch. 11. Auflage. Reinbek bei Hamburg: Rowohlt, S. 319–331.

Stiftung ZQP (2021): Personalmangel in der ambulanten Pflege gefährdet gute Versorgung. Online verfüg-bar unter https://www.zqp.de/personalmangel-ambulante-pflege/, zuletzt aktualisiert am 21.04.2021, zuletzt geprüft am 04.11.2021.

SWING GmbH (Hg.) (2021): SWING-Ambulant Leistun-gen im Detail. SWING GmbH Freiburg. Gesell-schaft für EDV-Systemlösungen mbH. Online ver-fügbar unter https://web.swing.info/?rq_AppGuid=1D26ABEDE 97457BE2B66F0A9CD7212CD733336EA&rq_Tar getPage-Guid=37725A559911EEB03CA61E1B80AD4D9B3 D4A0760&rq_MenuGuid=E0ACBB1EA92E7B214 A5C7579993E3056632AE5CA&rq_TemplateKey= 7374616765#{3}, zuletzt geprüft am 22.10.2021.

Tarricone, R. & Tsouros, A. D. (Hg.) (2008): The solid facts. Home care in Europe. Copenhagen: World Health Organization.

Tietgens, H. (1980): Teilnehmerorientierung als Antizipation. In: Breloer, G., Dauber, H. & Tietgens, H. (Hg.): Teilnehmerorientierung und Selbststeuerung in der Erwachsenenbildung. 1. Auflage. Braunschweig: Westermann, S. 177–235.

Universität Duisburg Essen (UDE) (2021): Postskript zur Interviewerhebung im Rahmen des Forschungsprojekts ProBE. UDE. Fachgebiet Berufspädagogik/ Berufsbildungsforschung. Online verfügbar unter https://www.uni-du-e.de/~hd257ku/probe/media/interviews/PostSkript.pdf, zuletzt geprüft am 05.10.2021.

Verband der Ersatzkassen e. V. (vdek) (o. J.): Rahmenvertrag gemäß §§ 132 und 132 a SGB V zu Erbringung von häuslicher Krankenpflege und Haushaltshilfe, S. 1–25.

Verlag für die Deutsche Wirtschaft AG (VNR) (Hg.) (2020): Microlearning: So nutzen Sie die neue Lernmethode im Unternehmen optimal. Fortbildung und Weiterbildung. VNR Verlag für die Deutsche Wirtschaft AG. Online verfügbar unter https://www.personalwissen.de/personalwesen/personalentwicklung/fortbildung-und-weiterbildung/microlearning/, zuletzt aktualisiert am 11.11.2020, zuletzt geprüft am 26.07.2021.

Vogt, S. & Werner, M. (2014): Forschen mit Leitfadeninterviews und qualitativer Inhaltsanalyse. Skript. Fachhochschule Köln. Fakultät für angewandte Sozialwissenschaften; Soziale Arbeit Plus.

Watzka, K. (2016): Ziele formulieren. Erfolgsvoraussetzungen wirksamer Zielvereinbarungen. Wiesbaden: Springer Gabler.

Witzel, A. (2000): Das problemzentrierte Interview. In: *Forum Qualitative Sozialforschung/ Forum: Qualitative Social Research* 1 (1). Online verfügbar unter http://www.qualitative-research.net/index.php/fqs/article/view/1132/2520, zuletzt geprüft am 02.10.2021.

9 Anhang

Abbildungsverzeichnis des Anhangs

Tabellenverzeichnis des Anhangs

9.1 DQR-Matrix Niveau 4

Fachkompetenz	
Wissen	**Fertigkeiten**
Über vertieftes allgemeines Wissen oder über fachtheoretisches Wissen in einem Lernbereich oder beruflichen Tätigkeitsfeld verfügen.	Über ein breites Spektrum kognitiver und praktischer Fertigkeiten verfügen, die selbstständige Aufgabenbearbeitung und Problemlösung sowie die Beurteilung von Arbeitsergebnissen und -prozessen unter Einbeziehung von Handlungsalternativen und Wechselwirkungen mit benachbarten Bereichen ermöglichen. Transferleistungen erbringen.

Personale Kompetenz	
Sozialkompetenz	**Selbstständigkeit**
Die Arbeit in einer Gruppe und deren Lern- oder Arbeitsumgebung mitgestalten und kontinuierlich Un-	Sich Lern- und Arbeitsziele setzen, sie reflektieren, realisieren und verantworten.

terstützung anbieten.	
Abläufe und Ergebnisse begründen.	
Über Sachverhalte umfassend kommunizieren.	

Tabelle 1 Matrix des Deutschen Qualifikationsrahmens für lebenslanges Lernen (DQR) Niveaustufe 4 (eigene Darstellung in Anlehnung an DQR 2011, S. 6)

9.2 Interviewleitfäden

Interviewleitfaden Pflegepersonen

WarmUp

Hallo Frau/ Herr X,

vielen Dank, dass Sie sich zum Interview bereit erklärt haben und mir somit einen Einblick in Ihren Arbeitsalltag und die Anforderungen und Bildungsbedarfe, welcher dieser mit sich bringt, gewähren.

Ich möchte mich mit Ihnen ca. 30 Minuten unterhalten. Pausen und Unterbrechungen sind jederzeit möglich.

Ich habe einen kurzen Leitfaden mit Fragen erstellt. Selbstverständlich sind Sie frei in Ihren Erzählungen. Es gibt keine „richtigen" oder „falschen" Antworten.

Sollte Ihnen eine Frage unangenehm sein, dann bitte ich Sie mir dies mitzuteilen. Wir sparen dann diesen Themenkomplex aus.

Sind Sie mit dem Interview und der Aufnahme einverstanden?

Dann bedanke ich mich für Ihre Informationsbereitschaft und starte mit der Aufnahme.

(Hinweis: Eine Interviewvereinbarung mit Hinweisen zum Datenschutz und einer Einverständniserklärung zur Interviewteilnahme wurden zuvor ausgefüllt.)

Soziodemografische und unternehmensbezogene Daten

Bevor wir mit der ersten Frage beginnen, würde ich Sie bitten in ein, zwei Sätzen kurz etwas zu Ihrer Person und Ihrem beruflichen Umfeld zu sagen.

- In welcher Funktion sind Sie für das Unternehmen tätig?
- Seit wann und in welchem Stellenumfang sind Sie im Unternehmen tätig?
- Wie lange arbeiten Sie bereits insgesamt in der Pflege?
- Welchen pflegerischen Abschluss und welche Qualifikationen haben Sie in Ihrer bisherigen beruflichen Laufbahn erworben?

Einstiegsfragen

Beschreiben Sie bitte kurz die Anforderungen, mit welchen Sie sich in Ihrem Berufsalltag konfrontiert sehen.

Wie gehen Sie persönlich mit den von Ihnen beschriebenen Anforderungen um?

Bildungsbedarfe in der betrieblichen Weiterbildung

Wie Sie bereits beschrieben haben, ist die Arbeit in der ambulanten Pflege mit verschiedenen Anforderungen verbunden. Diese werden in Zukunft, bedingt durch bspw. den demographischen Wandel und die Zunahme an Multimorbidität der zu pflegenden Menschen, weiter steigen, ebenso wie die Qualitätsanforderungen an die Pflege.

Bitte beschreiben Sie, welche Themen und Kompetenzen Ihnen im Hinblick auf Ihren beruflichen Alltag als am wichtigsten erscheinen und begründen Sie Ihre Aussagen.

- Welche Kompetenzen benötigen Sie für Ihre tägliche Arbeit und weshalb?
- Inwieweit spielen das Vorhandensein von Fachwissen und das eigenständige, systematische Lösen von Problemen eine Rolle in Ihrem Arbeitsalltag? Nennen Sie bitte Beispiele.
- Welchen Stellenwert nehmen Themen wie persönliche Weiterentwicklung und Kommunikations- und Teamfähigkeit für Ihr berufliches Handeln ein? Haben Sie Beispiele hierfür?
- Welche Inhalte und Themen, bezogen auf Ihre berufliche Tätigkeit, würden Sie sich gerne aneignen oder vertiefen und weshalb?
- Welche Kompetenzen, bezogen auf Ihre berufliche Tätigkeit, würden Sie gerne noch (weiter-)entwickeln?
- Wie können diese Kompetenzen Ihrer Meinung nach am besten gefördert werden?

Rahmenbedingungen für betriebliche Weiterbildung

Eine Möglichkeit, um den wachsenden Anforderungen in Ihrem Arbeitsfeld gerecht werden zu können, liegt in der kontinuierlichen Weiterbildung im Rahmen des lebenslangen Lernens.

Inwieweit ist Lernen an Ihrem Arbeitsplatz möglich?

- Welche Lernmittel stehen Ihnen vor Ort zur Verfügung?
- Wie ist Ihr Arbeitsplatz technisch ausgestattet? Welche Geräte stehen Ihnen zur Verfügung?
- Inwieweit spielt das Thema ‚Zeit' in ihrem Arbeitsalltag in Bezug auf das Lernen am Arbeitsplatz eine Rolle?
- Was denken Sie, wie viel Zeit bringen Sie täglich für Lernen am Arbeitsplatz auf bzw. könnten Sie in Zukunft aufbringen?
- Wann entstehen in Ihrem Arbeitsalltag „Wartezeiten"? Welche Zeitdauer haben diese Wartezeiten durchschnittlich?

Jeder Ihrer Kollegen hat andere Qualifikationen und Stärken.

- Inwieweit können Sie von dem Wissen Ihrer Kollegen profitieren?
- Wo sehen Sie Ihre Stärken und in welchen Bereichen, in Bezug auf Ihre Arbeit, würden Sie gerne noch weiter an sich arbeiten?

Eigenes Lernverhalten am Arbeitsplatz

Es gibt viele Möglichkeiten, um sich fort- und weiterzubilden. Die Angebote unterscheiden sich nicht nur nach Inhalten, sondern auch nach ihrer Darbietungsform. Sie können als bspw. Seminar, E-Learning, Blended Learning (bspw. Wechsel zwischen Präsenzseminar und E-Learning) oder als ein Lernen am Arbeitsplatz gestaltet sein.

- Welche Lernformate haben Sie bereits besucht/ angewendet?
- Welche ‚Art‘ von Fort- und Weiterbildung bevorzugen Sie (Seminar, E-Learning, Blended Learning, ...) und weshalb?

Erläutern Sie bitte, wie Sie Ihr eigenes Lernverhalten beschreiben würden.

- Lernen Sie am Arbeitsplatz? Wenn ja, wie gestaltet sich dieses Lernen?
  Falls nein, welche Gründe sprechen für Sie gegen ein Lernen am Arbeitsplatz?
- Welche Aspekte sind Ihnen beim Lernen generell wichtig?
- Was für Lernmittel nutzen Sie primär? Eher analog oder digital?
- Welche Gründe sprechen für Sie für eine Nutzung von digitalen Lernmitteln?

- Wie gehen Sie vor, wenn während der Arbeit Fragen auftreten?
- Fallen Ihnen noch weitere Möglichkeiten ein, was Sie tun können, wenn Sie während der Arbeit vor eine Frage oder einem Problem stehen?

Und noch eine letzte Frage, bevor wir zum Ende des Interviews kommen:

- Wie wichtig ist es Ihnen, eine Rückmeldung darüber zu erhalten, ob Sie die Lerninhalte richtig verstanden haben und weshalb? Welche Arten von Rückmeldung haben Sie bereits erlebt?

Abschluss

Wir wären dann so weit am Ende unseres Interviews.

Gibt es Themen oder Aspekte, die aus Ihrer Sicht noch nicht angesprochen wurden, die für Sie aber relevant sind?

Möchten Sie dem Interview noch irgendetwas hinzufügen?

Dann möchte ich mich hiermit noch einmal herzlich für Ihre Teilnahme am Interview bedanken! Die Aufnahme wird jetzt gestoppt.

Interviewleitfaden Leitungspersonen

WarmUp

Hallo Frau X,

vielen Dank, dass Sie sich zum Interview bereit erklärt haben und mir somit einen Einblick in den Arbeitsalltag der Pflegenden und die Anforderungen und Bildungsbedarfe, welcher dieser mit sich bringt, gewähren.

Ich möchte mich mit Ihnen ca. 30 Minuten unterhalten. Pausen und Unterbrechungen sind jederzeit möglich.

Ich habe einen kurzen Leitfaden mit Fragen erstellt. Selbstverständlich sind Sie frei in Ihren Erzählungen. Es gibt keine „richtigen" oder „falschen" Antworten.

Sollte Ihnen eine Frage unangenehm sein, dann bitte ich Sie mir dies mitzuteilen. Wir sparen dann diesen Themenkomplex aus.

Sind Sie mit dem Interview und der Aufnahme einverstanden?

Dann bedanke ich mich für Ihre Informationsbereitschaft und starte mit der Aufnahme.

(Hinweis: Eine Interviewvereinbarung mit Hinweisen zum Datenschutz und einer Einverständniserklärung zur Interviewteilnahme wurden zuvor ausgefüllt.)

Soziodemografische und unternehmensbezogene Daten

Bevor wir mit der ersten Frage beginnen, würde ich Sie bitten in ein, zwei Sätzen kurz etwas zu Ihrer Person und Ihrem beruflichen Umfeld zu sagen.

- In welcher Funktion sind Sie für das Unternehmen tätig?
- Seit wann sind Sie im Unternehmen tätig?
- Inwieweit sind Sie in die pflegerischen Tätigkeiten mit eingebunden?
- Wie viele der Pflegenden sind prozentual in Vollzeit bzw. in Teilzeit beschäftigt?
- Welche beruflichen Qualifikationen bringen die Pflegenden mit?

Einstiegsfragen

Beschreiben Sie bitte kurz, wie sich die Fort- und Weiterbildungssituation der Pflegenden in Ihrem Unternehmen gestaltet.

- Welche Vorgaben macht das Unternehmen den Pflegenden bezüglich Fort- und Weiterbildungen (Häufigkeit? Art und Dauer?)?
- Wie häufig nehmen die Pflegenden Fort- und Weiterbildungen wahr? Um welche Art von Formaten handelt es sich hierbei (z. B. Seminar, E-Learning, Blended Learning)?

- Welche Ziele werden mit der Teilnahme an Fort- und Weiterbildungen aus Sicht des Unternehmens verfolgt?

Rahmenbedingungen für betriebliche Weiterbildung

Die Arbeit in der ambulanten Pflege ist mit verschiedenen Anforderungen verbunden. Diese werden in Zukunft, bedingt durch bspw. den demographischen Wandel und die Zunahme an Multimorbidität der zu pflegenden Menschen, weiter steigen, ebenso wie die Qualitätsanforderungen an die Pflege.

Eine Möglichkeit, um den wachsenden Anforderungen in Ihrem Arbeitsfeld gerecht werden zu können, liegt in der kontinuierlichen Weiterbildung im Rahmen des lebenslangen Lernens.

Inwieweit wird den Pflegenden Lernen am Arbeitsplatz ermöglicht?

- Können Sie beobachten, dass die Pflegenden am Arbeitsplatz lernen?
  Wenn ja, wie sieht dieses Lernen konkret aus?
  Falls nein, was könnten Gründe hierfür sein?
- Welche Faktoren spielen für Sie eine wichtige Rolle, wenn es um das Thema Lernen am Arbeitsplatz geht?
- Welche Lernmittel stehen den Pflegenden vor Ort zur Verfügung?

- Wie ist der Arbeitsplatz technisch ausgestattet? Welche Geräte stehen zur Verfügung?
- Inwieweit spielt das Thema E-Learning in Ihrem Unternehmen eine Rolle?
- Inwieweit ist Lernen, Ihrer Meinung nach, von den finanziellen Ressourcen des Unternehmens abhängig?
- Inwieweit spielt das Thema ‚Zeit' in Bezug auf das Lernen am Arbeitsplatz eine Rolle?
- Wann entstehen Ihren Beobachtungen nach „Wartezeiten" für die Pflegenden im Arbeitsalltag? Welche Zeitdauer haben diese Wartezeiten durchschnittlich?
- Welche Rahmenbedingungen könnten noch optimiert werden, um das Lernen am Arbeitsplatz für die Pflegenden noch attraktiver zu gestalten?

Bildungsbedarfe in der betrieblichen Weiterbildung
Bitte beschreiben Sie, welche Themen und Kompetenzen Ihnen im Hinblick auf den beruflichen Alltag der Pflegenden als am wichtigsten erscheinen und begründen Sie Ihre Aussagen.
- Welche Kompetenzen erachten Sie für die Arbeit der Pflegenden als am wichtigsten und weshalb?
- Inwieweit spielen das Vorhandensein von Fachwissen, Planungs- und Organisationstalent, sowie das eigenständige, systematische Lösen von Problemen eine Rolle im Arbeitsalltag der Pflegenden?

- Welchen Stellenwert nehmen Themen wie Eigenverantwortung, persönliche Weiterentwicklung und Kommunikations- und Teamfähigkeit für deren berufliches Handeln ein? Haben Sie Beispiele hierfür?
- Welche Erwartungen haben Sie an die Pflegenden, wenn diese während ihrer Arbeit einmal nicht weiterwissen bzw. Fragen auftreten?
- Welche Stärken bringen die Pflegenden, in Bezug auf ihre Arbeit, mit und in welchen Bereichen besteht aus Ihrer Sicht noch Unterstützungsbedarf und Verbesserungspotential?
- Wie können die genannten Kompetenzen Ihrer Meinung nach am besten gefördert werden?

2019 legte eine bundesweite Befragung des Zentrums für Qualität in der Pflege (ZQP) offen, dass bei über der Hälfte der 535 befragten ambulanten Pflegedienste Stellen für Pflegefachpersonen seit mindestens drei Monaten unbesetzt sind. Aufgrund des vorherrschenden Personalmangels müssen teilweise nicht nur Versorgungsanfragen abgelehnt werden, es führt auch zu einem Risiko in punkto Patientensicherheit.

Dem gegenüber stehen die hohen Qualitätsanforderungen, welche nicht zuletzt durch den Medizinischen Dienst der Krankenkassen (MDK) vorgegeben werden.

Stellen Sie sich vor, die angesprochenen Rahmenbedingungen wären optimal und es stehen bspw. genügend Personal, finanzielle und zeitliche Ressourcen etc. zur Verfügung.

- Beschreiben Sie bitte, wie Sie das Lernen in Ihrem Unternehmen unter idealen Rahmenbedingungen gestalten würden bzw. wie eine Unterstützung für die Pflegenden in Bezug auf das Lernen aussehen könnte.
- Wie wichtig ist Ihnen eine Ergebnissicherung des Erlernten?

Und noch eine letzte Frage, bevor wir zum Ende des Interviews kommen:

- Wie könnte eine langfristige Ergebnissicherung bezüglich des Lernens der Pflegenden gestaltet werden?

Abschluss

Wir wären dann so weit am Ende unseres Interviews.

Gibt es Themen oder Aspekte, die aus Ihrer Sicht noch nicht angesprochen wurden, die für Sie aber relevant sind?

Möchten Sie dem Interview noch irgendetwas hinzufügen?

Dann möchte ich mich hiermit noch einmal herzlich für Ihre Teilnahme am Interview bedanken! Die Aufnahme wird jetzt gestoppt.

9.3 Interviewvereinbarung

Interviewvereinbarung

Thema der Masterarbeit:	Microlearning zwischen formalem, non-formalem und informellem Lernen: Anforderungs- und Bildungsbedarfsanalyse zur Entwicklung eines Konzeptes in der betrieblichen Weiterbildung
Interviewende Person:	Nicola Schmidt
Institution:	Technische Universität Kaiserslautern
	Studiengang Erwachsenenbildung (M.A.)
Interviewdatum:	....

Ich, ... , erkläre mich dazu bereit, im Rahmen der oben genannten Masterarbeit an einem Interview teilzunehmen.

Ich bin damit einverstanden, dass das Interview auf Audioband aufgezeichnet, anschließend verschriftlicht und die Ergebnisse im Rahmen der Masterarbeit aufbereitet werden.

Alle Daten und die Transkripte des Interviews werden anonymisiert, vertraulich behandelt und ausschließlich im Rahmen der Masterarbeit verwendet.

Die Aufnahme dient lediglich der Autorin, um alle Inhalte erfassen zu können und wird im Anschluss nicht weiterverwendet.

Die Aufzeichnungen werden nach Fertigstellung der Masterarbeit von allen Endgeräten gelöscht.

Die Teilnahme am Interview und die Zustimmung zur Verwendung der Daten sind freiwillig. Diese Zustimmung kann jederzeit von der interviewten Person widerrufen werden.

Unter den genannten Bedingungen erkläre ich mich bereit, das Interview zu geben und bin damit einverstanden, dass dieses aufgezeichnet, verschriftlicht, anonymisiert und ausgewertet wird.

....
Ort, Datum, Unterschrift interviewte Person   Ort, Datum, Unterschrift Interviewerin

185

9.4 Transkriptionsregeln

Transkriptionsregeln

Formale Regularien

- Transkriptionsschrift: „Arial"; Schriftgröße: ppt.11; Blocksatz
- Zeilenabstand: 1,25
- Einzug: hängend
- Zeilennummerierung: automatisch
- Silbentrennung: automatisch
- Sprecherwechsel: Leerzeile
- Timecode: Am Ende einer Aussage vor einem Sprecherwechsel.
- Einheitliches Format nach folgendem Schema: #h:mm:ss#.
- Alle Daten werden anonymisiert mit „<>" dargestellt (Beispiel „<Name>").
- Lautäußerungen (, wie bspw. „ähh",) der interviewten Person werden nur transkribiert, wenn sie Einfluss auf den Gesprächsinhalt haben. Es werden keine Äußerungen im Rahmen des aktiven Zuhörens transkribiert.
- Signale des Verstehens des Interviewpartners („mmhm" o.a.) werden nicht transkribiert, es sei denn eine Antwort besteht nur aus bspw. „mmhm". In die-

sem Fall wird „mmhm (bejahend)" bzw. „mmhm (verneinend)" transkribiert.

- Kürzel Interviewerin: „INT"
  Kürzel Pflegende: „P01"; „P02" usw.
  Kürzel Leitungspersonen: „L01"; „L02" usw.
- Die Transkription erfolgt wörtlich, jedoch werden Dialekte in Schriftdeutsch übertragen; dabei wird möglichst wortgenau vorgegangen. Bei fehlender wörtlicher Übersetzung wird der Dialekt transkribiert.
- Höflichkeitspronomina wie „Sie" und „Ihnen" werden großgeschrieben.
- Satzzeichen werden, um eine klare Satzstruktur zu erhalten, sinnvoll gesetzt.
- Unvollständige Sätze werden so belassen, nicht ergänzt und enden mit drei Punkten („...").
- Abbrüche innerhalb eines Wortes werden mit Anführungsstrichen und einem Bindestrich transkribiert (Beispiel „Abbr.-").
- Wortverkürzungen bzw. -verschleifungen, die im Rahmen der Umgangssprache erfolgen, werden geglättet (Beispiel „Ich hab da so´n Hilfsmittel." wird zu „Ich habe da so ein Hilfsmittel."); Ausnahme: Redewendungen.
- Satzunterbrechungen oder -überschneidungen werden mit einem doppelten Schrägstrich („//") gekennzeichnet. Der doppelte Schrägstrich kennzeichnet dabei die

Stelle, an der das gleichzeitige Sprechen beginnt. Die Sprechsequenz derjenigen Person, welche ins Wort fällt, wird am Anfang mit einem doppelten Schrägstrich gekennzeichnet.

- Äußerungen der interviewten Person über wörtliche Aussagen dritter Personen werden in Anführungsstriche und *kursiv* gesetzt (Beispiel *„Nutzlos")*.

- Besondere Betonungen werden unterstrichen (Beispiel „genauso wichtig").

- Deutliche Pausen über fünf Sekunden werden mit Punkten in Klammern markiert („(…)").

- Unverständliche Interviewpassagen werden in leere Klammern gesetzt, mit der ungefähren Angabe der Dauer und dem Grund versehen und kursiv geschrieben (Beispiel *„() 10 Sek., Mikrofon rauscht")*.

- Bei unverständlichen Wörtern, bei denen ein Wortlaut vermutet, aber nicht sicher verstanden wird, wird das Wort in Klammern gesetzt, mit einem Fragezeichen sowie einer Zeitmarke versehen (Beispiel „(Kompetenz? #0:20:40#)").

- Einwürfe der jeweils anderen Person und deutliche Lautäußerungen werden in Klammern gesetzt (Beispiel „(INT: Lachen)"; „(P01: Ja, eben)").

- Deutliche Lautäußerungen der aktuell sprechenden Person werden in Klammern gesetzt und kursiv geschrieben (Beispiel *„(lacht)")*

- Zahlen bis inkl. zwölf werden in Textform geschrieben.
- Zeichen/ Einheiten werden ausgeschrieben (Beispiel „Prozent").
- Eindeutig ironische Aussagen werden wie genannt übernommen und nicht weiter bewertet oder gekennzeichnet.

9.5 Vorläufiges Kategoriensystem

OK1 Rahmen- bedingungen und Ressourcen	UK1a zeitlich	„Microlearning besteht aus Lerneinheiten, die nur wenige Minuten erfordern. Eine genau festgelegte Länge in Minuten gibt es nicht, sie sollte pragmatisch im Einzelfall entschieden werden. Mitunter werden maximal fünf Minuten als sinnvoll angesehen."	(Torgerson 2016 zit. n. Müssig 2020a, S. 41)
		„Microlearning ist eine Lernform, die nur fünf bis zehn Minuten Lernzeit in Anspruch nimmt."	(Rensing & Després 2018, S. 1)
		„Microlearning fokussiert auf einen inhaltlichen (Microcontent) und zeitlichen (ca. 5- bis 15-minütige Lernaktivitäten) Ausschnitt informeller Lernprozesse und -umgebungen."	(Robes 2009, S. 7)
		„Fünf bis sechs Minuten seien die neuen Bildungsformate lang."	(Robes 2009, S. 2)
	UK1b technisch	„Voraussetzung für das Microlearning ist, dass entsprechend aufbereitete Lernmaterialien vorhanden sind, die auch über mobile Endgeräte wie Smartphones oder Tablets geschaut werden können."	(Rensing & Després 2018, S. 1)
		„Microlearning fokussiert auf das informelle Lernen im Internet bzw. mit Unterstützung des Internets und bietet somit Anschlüsse an bestehende E-Learning-Strategien und -Projekte."	(Robes 2009, S. 7)
	UK1c fachlich und methodisch	„Auch wenn es nur kurze Einheiten sind, erfordert ihre Erstellung doch Fach- und Methodenwissen (Didaktik, lernförderliche Gestaltung usw.) sowie die notwendige Sorgfalt."	(ArgenturQ 2019, S. 8)

Hauptkategorien	Unterkategorien	Zitate	Quellennachweise
	UK1d finanziell	„Sie versprechen einen schonenden Umgang mit Ressourcen, den materiellen, aber auch den immateriellen wie Zeit und Aufmerksamkeit." ,,…, ihre Weiterbildungsangebote so effektiv und effizient wie möglich zu organisieren und anzubieten. Gerade in wirtschaftlich schwierigen Zeiten gewinnt das Bildungscontrolling als Kostenkontrolle verstärkt an Aufmerksamkeit."	(Robes 2009, S. 2–4)
OK2 Anforderungen und erforderliche Kompetenzen	UK2a Fach- und Methodenkompetenz	DQR Niveaustufe 4 • „Wissen" „Über vertieftes allgemeines Wissen oder über fachtheoretisches Wissen in einem Lernbereich oder beruflichen Tätigkeitsfeld verfügen" • „Fertigkeiten" „Über ein breites Spektrum kognitiver und praktischer Fertigkeiten verfügen und Problemlösung sowie die Beurteilung von Arbeitsergebnissen und -prozessen unter Einbeziehung von Handlungsalternativen und Wechselwirkungen mit benachbarten Bereichen ermöglichen. Transferleistungen erbringen."	(DQR 2011, S. 6)

191

Hauptkategorien	Unterkategorien	Zitate	Quellennachweise
		„Kompetenzen, die mit Microlearning gestärkt werden können, einge- teilt in vier Kompetenzdimensionen nach dem KODE-Kompetenzatlas von John Erpenbeck, Volker Heyse und Stefan Ortmann"	(Petermandl 2014, S. 26)
		„Fach- und Methodenkompetenz": - „Planungsverhalten" - „Analytische Fähigkeiten" - „Wissen – Orientierung" - „Systematisch-methodischen Vorgehen"	
	UK2b personale und sozi- al-kommunikative Kompetenz	▪ „Sozialkompetenz" „Die Arbeit in einer Gruppe und deren Lern- oder Arbeitsumge- bung mitgestalten und kontinuierlich Unterstützung anbieten. Ab- läufe und Ergebnisse begründen. Über Sachverhalte umfassend kommunizieren." ▪ „Selbstständigkeit" „Sich Lern- und Arbeitsziele setzen, sie reflektieren, realisieren und verantworten."	(DQR 2011, S. 6)
		▪ „Personale Kompetenz": - „Eigenverantwortung" - „Selbstmanagement" - „Lernbereitschaft" - „Disziplin"	(Petermandl 2014, S. 26)

Hauptkategorien	Unterkategorien	Zitate	Quellennachweise
		„Sozial-kommunikative Kompetenz": - „Kommunikationsfähigkeit" - „Kooperationsfähigkeit" - „Teamfähigkeit" - „Gewissenhaftigkeit"	
	UK2c Flexibilität und Kreativität	„Der IML-Ansatz [IML = integrierte Micro-Learning-Ansatz] kann als Instrument zur Verbesserung und Bereicherung von Lernprozessen und zur Unterstützung kreativer didaktischer Methoden verwendet werden."	(Ettl-Huber 2020, S. 17)
		„... geben den Lernern einen Spielraum, selbst zu entdecken, kreativ zu sein und Inhalte zu erstellen..."	(Erpenbeck et al. 2016, S. 12–13)
	UK2d Reflexionsfähigkeit	„Positives und vor allem wiederholtes negatives Feedback regen dazu an, über den eigenen Lernprozess nachzudenken und Gründe für Schwierigkeiten zu suchen."	(Petermandl 2014, S. 25–26)
OK3 Lernverhalten	UK3a Selbstorganisation	„Lernende können sich in eigener Verantwortung Wissen aneignen."	(Rensing & Després 2018, S. 1)
		„... oder aktuelle Fragen selbstorganisiert beantworten."	(Lorenz 2010, S. 2)
OK4 Feedback		„... und die mit einem unmittelbaren Feedback für die Lernenden versehen sind ..."	(Baumgartner 2013 zit. n. Sauter & Sauter 2013, S. 162)

193

Hauptkategorien	Unterkategorien	Zitate	Quellennachweise
		„Das Feedback erfolgt unmittelbar und wirkt als Verstärkung oder als Anreiz. ..."	(Petermandl 2014, S. 24)
		„Feedback ist für Lernen essenziell (Baumgartner 2011, S. 185). ... Wenn wir kurze Lerneinheiten und unmittelbares Feedback als zwei Seiten einer Medaille zusammennehmen und in einer Lernsequenz abwechselnd nutzen, entsteht eine Kommunikationsbeziehung zwischen den Lernenden und dem Feedback(mechanismus). Das erhöht nicht nur die Motivation, sondern auch Effektivität und Effizienz des Lernprozesses."	(Baumgartner 2014, S. 20–21)
OK5 Lerninhalte		„... ein klar abgegrenztes Thema bearbeiten oder aktuelle Fragen ..."	(Lorenz 2010, S. 2)
		„Microlearning besteht aus kurzen, in sich abgeschlossenen Lerneinheiten. ..."	(Müssig 2020a, S. 40)
		„Die Lerneinheiten haben einen klaren Fokus und eine rigorose inhaltliche Beschränkung, vermitteln genau einen Fachbegriff oder ein bestimmtes Konzept. Microlearning besteht demnach aus in sich abgeschlossenen Einheiten, die keine zusätzlichen Lerneinheiten brauchen und für sich alleine stehen können."	(Müssig 2020a, S. 41)
OK6 Lernformate, -methoden und -materialien	UK6a analoge Formate, Methoden und Lernmaterialien	„Ein kleineres Format sind Lernkarten. Dabei werden Begriffe oder Inhalte zu Themen wie ... abgefragt und erklärt. Selbst geschriebene Karteikarten auf dickem Papier kennt jeder."	(Müssig 2020b, S. 52)

Hauptkategorien	Unterkategorien	Zitate	Quellennachweise
	UK6b digitale Formate, Methoden und Lernmaterialien	„Dazu werden Übersichten zu relevanten Themen wie Fallbeispiele oder Bedienungsanweisungen an geeigneten Stellen … als Plakat aufgehängt."	(Müssig 2020a, S. 40)
		„Beim Mikrolernen ist die Form des Videos sehr verbreitet."	(ArgenturQ 2019, S. 9)
		„Digitale Microlearning Formate umfassen Gesundheits- Apps und digitale Unterstützungssysteme."	(Müssig 2020b, S. 52)
		„Allerdings wird gerade der Begriff Microlearning heute vor allem genutzt, um neue Möglichkeiten und Formen des E-Learnings zu beschreiben."	(Robes 2009, S. 4)
		„Optimaler Aufbau von Microlearning-Serien: Welche Formate können zum Einsatz kommen[.] Interaktive PDFs[.] Interaktive Parallax-Scroll-Training[.] Flipbooks Mobile Apps[.] E-Books[.] Kurzvideos[.] Whiteboard-Animation[.] Simulationen[.] Kinetik Text based animations."	(VNR 2020)
OK7 Fort- und Weiterbildungen		„Der Pflegedienst ist verpflichtet, die erforderliche fachliche Kompetenz der Pflegefachkräfte, die Behandlungspflege im Rahmen dieses Vertrages erbringen und Pflegekräfte die im Rahmen der Grundpflege Leistungen erbringen, durch spezifische Fortbildungen sicherzustellen. Alle in der Pflege tätigen Mitarbeiter werden entsprechend der individuellen Notwendigkeiten in die Fortbildung miteinbezogen. Zu den Fortbildungen im Sinne dieses Paragraphen zählen interne und externe Maßnahmen."	§18a Abs. 1 Fort- und Weiterbildung des Rahmenvertrages gemäß §§ 132 und 132a SGB V

Hauptkategorien	Unterkategorien	Zitate	Quellennachweise
		„Nicht jeder Mitarbeiter lernt freiwillig und selbstbestimmt. Für eine weite Verbreitung und Nutzung ist es daher wichtig, dass Unternehmen Microlearning über betriebliche Vereinbarungen mit der Arbeitnehmervertretung regeln und absichern."	(Baumgartner 2014, S. 22)

Tabelle 2 Vorläufiges Kategoriensystem (eigener Entwurf)

196

9.6 Endgültiges Kategoriensystem

Hauptkategorien	Unterkategorien	Zitate	Quellennachweise
OK1 **Rahmen-** **bedingungen** **und Ressourcen**	UK1a zeitliche Rahmenbedingungen und Ressourcen	„Microlearning besteht aus Lerneinheiten, die nur wenige Minuten erfordern. Eine genau festgelegte Länge in Minuten gibt es nicht, sie sollte pragmatisch im Einzelfall entschieden werden. Mitunter werden maximal fünf Minuten als sinnvoll angesehen."	(Torgerson 2016 zit. n. Müssig 2020a, S. 41)
		„Microlearning ist eine Lernform, die nur fünf bis zehn Minuten Lernzeit in Anspruch nimmt."	(Rensing & Després 2018, S. 1)
		„Microlearning fokussiert auf einen inhaltlichen (Microcontent) und zeitlichen (ca. 5- bis 15-minütige Lernaktivitäten) Ausschnitt informeller Lernprozesse und -umgebungen."	(Robes 2009, S. 7)
		„Fünf bis sechs Minuten seien die neuen Bildungsformate lang."	(Robes 2009, S. 2)
	UK1b technische Rahmenbedingungen und Ressourcen	„Voraussetzung für das Microlearning ist, dass entsprechend aufbereitete Lernmaterialien vorhanden sind, die auch über mobile Endgeräte wie Smartphones oder Tablets geschaut werden können."	(Rensing & Després 2018, S. 1)
		„Microlearning fokussiert auf das informelle Lernen im Internet bzw. mit Unterstützung des Internets und bietet somit Anschlüsse an bestehende E-Learning-Strategien und -Projekte."	(Robes 2009, S. 7)
	UK1c fachliche und methodische Ressourcen	„Auch wenn es nur kurze Einheiten sind, erfordert ihre Erstellung doch Fach- und Methodenwissen (Didaktik, lernförderliche Gestaltung usw.) sowie die notwendige Sorgfalt."	(ArgenturQ 2019, S. 8)

Hauptkategorien	Unterkategorien	Zitate	Quellennachweise
	UK1d finanzielle Rahmenbedingungen und Ressourcen	„Sie versprechen einen schonenden Umgang mit Ressourcen, den materiellen, aber auch den immateriellen wie Zeit und Aufmerksamkeit." „..., ihre Weiterbildungsangebote so effektiv und effizient wie möglich zu organisieren und anzubieten. Gerade in wirtschaftlich schwierigen Zeiten gewinnt das Bildungscontrolling als Kostenkontrolle verstärkt an Aufmerksamkeit."	(Robes 2009, S. 2–4)
OK2 Anforderungen und erforderliche Kompetenzen	UK2a Fach- und Methodenkompetenz	DQR Niveaustufe 4 • „Wissen" „Über vertieftes allgemeines Wissen oder über fachtheoretisches Wissen in einem Lernbereich oder beruflichen Tätigkeitsfeld verfügen" • „Fertigkeiten" „Über ein breites Spektrum kognitiver und praktischer Fertigkeiten verfügen und Problemlösung sowie die Beurteilung von Arbeitsergebnissen und -prozessen unter Einbeziehung von Handlungsalternativen und Wechselwirkungen mit benachbarten Bereichen ermöglichen. Transferleistungen erbringen."	(DQR 2011, S. 6)
		„Kompetenzen, die mit Microlearning gestärkt werden können, eingeteilt in vier Kompetenzdimensionen nach dem KODE-Kompetenzatlas von John Erpenbeck, Volker Heyse und Stefan Ortmann"	(Petermandl 2014, S. 26)

198

Hauptkategorien	Unterkategorien	Zitate	Quellennachweise
		„Fach- und Methodenkompetenz": - „Planungsverhalten" - „Analytische Fähigkeiten" - „Wissen – Orientierung" - „Systematisch-methodischen Vorgehen"	
	UK2b personale und sozial- kommunikative Kompetenz	• „Sozialkompetenz" „Die Arbeit in einer Gruppe und deren Lern- oder Arbeitsumge- bung mitgestalten und kontinuierlich Unterstützung anbieten. Ab- läufe und Ergebnisse begründen. Über Sachverhalte umfassend kommunizieren." • „Selbstständigkeit" „Sich Lern- und Arbeitsziele setzen, sie reflektieren, realisieren und verantworten."	(DQR 2011, S. 6)
		• „Personale Kompetenz": - „Eigenverantwortung" - „Selbstmanagement" - „Lernbereitschaft" - „Disziplin"	(Petermandl 2014, S. 26)

199

Hauptkategorien	Unterkategorien	Zitate	Quellennachweise
		„Sozial-kommunikative Kompetenz": - „Kommunikationsfähigkeit" - „Kooperationsfähigkeit" - „Teamfähigkeit" - „Gewissenhaftigkeit"	(Etti-Huber 2020. S. 17)
	UK2c Flexibilität und Kreativität	„Der IML-Ansatz [IML = integrierte Micro-Learning-Ansatz] kann als Instrument zur Verbesserung und Bereicherung von Lernprozessen und zur Unterstützung kreativer didaktischer Methoden verwendet werden."	
		„... geben den Lernern einen Spielraum, selbst zu entdecken, kreativ zu sein und Inhalte zu erstellen…"	(Erpenbeck et al. 2016, S. 12–13)
	UK2d Reflexionsfähigkeit	„Positives und vor allem wiederholtes negatives Feedback regen dazu an, über den eigenen Lernprozess nachzudenken und Gründe für Schwierigkeiten zu suchen."	(Petermandl 2014, S. 25–26)
OK3 Lernverhalten	UK3a Selbstorganisation	„Lernende können sich in eigener Verantwortung Wissen aneignen."	(Rensing & Després 2018, S. 1)
		„... oder aktuelle Fragen selbstorganisiert beantworten."	(Lorenz 2010. S. 2)
	UK3b Motivation	„Beim Erstellen von Microlearning-Lerneinheiten steht im Fokus, die Informationen so aufzubereiten, dass der Lernende Spaß am Aneignen des neuen Wissens hat, darüber nachdenkt und mit Motivation weiterlernt."	(VNR 2020. o. S.)

Hauptkategorien	Unterkategorien	Zitate	Quellennachweise
	UK3c Lernblockaden	„In Bezug auf E-Learning ist gerade bei älteren Personen, … ein gehemmterer Umgang mit digitalen Medien als bei der Generation Y oder Z zu beobachten, … Gefühle wie Angst etwas falsch zu machen, oder die Unsicherheit nicht klarzukommen, hemmen den Lernprozess. Hier ist es immens wichtig, dass Unterstützung bei Bedarf jederzeit zur Verfügung steht, ansonsten kommen Frust und Demotivation auf, die eine Lernblockade bzw. eine negative Einstellung zu digitalen Medien noch verstärken (Doh et al. 2015, S. 11 f.)."	(Ortmann-Welp 2020, S. 29)
OK4 Feedback und didaktische Interaktion	UK4a Arten von Feedback und didaktischer Interaktion	„Dabei lassen sich … Multiple-Choice-Fragen beliebig komplex gestalten. So kann ein umfangreiches Fallbeispiel viele Handlungsoptionen ermöglichen, … Der Lernende steht nun vor der Aufgabe unter den vorhandenen Optionen auszuwählen, worauf er Feedback mit weiteren Hintergrundinformationen und Querverweisen erhält. Die Qualität einer solchen didaktischen Interaktion hängt nicht nur von der Fragestellung ab, sondern vor allem von der Konstruktion falscher Antworten … und dem darauffolgenden Feedback."	(Baumgartner 2014, S. 21)

Hauptkategorien	Unterkategorien	Zitate	Quellennachweise
		„… das wechselseitige Aufeinanderwirken von Akteuren, wobei darunter … auch nicht menschliche Akteure zu verstehen sind, wie zum Beispiel eine Software oder ein Relais – also Dinge, die zu einer Handlung „einladen". Wenn dieses wechselseitige Aufeinanderwirken nicht bloß dazu dient, die Software oder das Gerät zu steuern (beispielsweise ein- und auszuschalten), sondern dazu, einen Lernprozess voranzubringen, spreche ich von didaktischer Interaktion."	(Baumgartner 2014, S. 20–21)
		„Welche didaktischen Interaktionen sind beim Microlearning möglich? Multiple Choice[,] Lücken füllen[,] Objekte bzw. Fachbegriffe sortieren[,] Abstimmen von Objekten."	(VNR 2020)
	U4b Gründe für Feedback	„Das Feedback erfolgt unmittelbar und wirkt als Verstärkung oder als Anreiz, …".	(Petermandl 2014, S. 24)
		„Der Sinn von Multiple Choice und der damit verbundenen didaktischen Interaktion hängt nicht von den Fragen ab, sondern wie die falschen Antworten aufgebaut sind. Wurde eine falsche Antwort ausgewählt, ist es wichtig, genau zu erläutern, warum diese falsch war. Nur so lässt sich eine hohe Lernqualität sicherstellen."	(VNR 2020)

Hauptkategorien	Unterkategorien	Zitate	Quellennachweise
		„Feedback ist für Lernen essenziell (Baumgartner 2011, S. 185). ... Wenn wir kurze Lerneinheiten und unmittelbares Feedback als zwei Seiten einer Medaille zusammennehmen und in einer Lernsequenz abwechselnd nutzen, entsteht eine Kommunikationsbeziehung zwischen den Lernenden und dem Feedback(mechanismus). Das erhöht nicht nur die Motivation, sondern auch Effektivität und Effizienz des Lernprozesses."	(Baumgartner 2014, S. 20–21)
OK5 Lerninhalte		„... ein klar abgegrenztes Thema bearbeiten oder aktuelle Fragen ..."	(Lorenz 2010, S. 2)
		„Microlearning besteht aus kurzen, in sich abgeschlossenen Lerneinheiten, ..."	(Müssig 2020a, S. 40)
		„Die Lerneinheiten haben einen klaren Fokus und eine rigorose inhaltliche Beschränkung, vermitteln genau einen Fachbegriff oder ein bestimmtes Konzept. Microlearning besteht demnach aus in sich abgeschlossenen Einheiten, die keine zusätzlichen Lerneinheiten brauchen und für sich alleine stehen können."	(Müssig 2020a, S. 41)
OK6 Lernformate, -methoden und -materialien	UK6a analoge Formate, Methoden und Lernmaterialien	„Ein kleineres Format sind Lernkarten. Dabei werden Begriffe oder Inhalte zu Themen wie ... abgefragt und erklärt. Selbst geschriebene Karteikarten auf dickem Papier kennt jeder."	(Müssig 2020b, S. 52)
		„Dazu werden Übersichten zu relevanten Themen wie Fallbeispiele oder Bedienungsanweisungen an geeigneten Stellen ... als Plakat aufgehängt."	(Müssig 2020a, S. 40)

Hauptkategorien	Unterkategorien	Zitate	Quellennachweise
	UK6b digitale Formate, Methoden und Lern-materialien	„Beim Mikrolernen ist die Form des Videos sehr verbreitet."	(ArgenturQ 2019, S. 9)
		„Digitale Microlearning Formate umfassen Gesundheits-Apps und digitale Unterstützungssysteme."	(Müssig 2020b, S. 52)
		„Allerdings wird gerade der Begriff Microlearning heute vor allem ge-nutzt, um neue Möglichkeiten und Formen des E-Learnings zu be-schreiben."	(Robes 2009, S. 4)
		„Optimaler Aufbau von Microlearning-Serien: Welche Formate können zum Einsatz kommen Interaktive PDFs[.] Interaktive Parallax-Scroll-Training[.] Flipbooks Mobile Apps[.] E-Books[.] Kurzvideos[.] Whiteboard-Animation[.] Simu-lationen[.] Kinetik Text based animations."	(VNR 2020)
OK7 Fort- und Weiterbildungen	UK7a Verpflichtungen in Bezug auf Fort- und Weiterbildung	„Der Pflegedienst ist verpflichtet, die erforderliche fachliche Kompe-tenz der Pflegefachkräfte, die Behandlungspflege im Rahmen dieses Vertrages erbringen und Pflegekräfte, die im Rahmen der Grundpflege Leistungen erbringen, durch spezifische Fortbildungen sicherzustel-len. Alle in der Pflege tätigen Mitarbeiter werden entsprechend der indivi-duellen Notwendigkeiten in die Fortbildung miteinbezogen. Zu den Fortbildungen im Sinne dieses Paragraphen zählen interne und exter-ne Maßnahmen."	§18a Abs. 1 Fort- und Weiterbildung des Rah-menvertrages gemäß §§ 132 und 132a SGB V

Hauptkategorien	Unterkategorien	Zitate	Quellennachweise
		„Fortbildungen sind regelmäßig durchzuführen. Die Fortbildungsmaßnahmen haben einen Mindestumfang von 10 Stunden pro Mitarbeitenden und Kalenderjahr zu umfassen."	§18a Abs. 3 Fort- und Weiterbildung des Rahmenvertrages gemäß §§ 132 und 132a SGB V
		„Nicht jeder Mitarbeiter lernt freiwillig und selbstbestimmt. Für eine weite Verbreitung und Nutzung ist es daher wichtig, dass Unternehmen Microlearning über betriebliche Vereinbarungen mit der Arbeitnehmervertretung regeln und absichern."	(Baumgartner 2014, S. 22)
	UK7b Freiwillige Fort- und Weiterbildungen	„Eine ... Weiterbildungsverpflichtung gibt es nicht, obwohl nicht generell von einer «Freiwilligkeit» der Erwachsenenbildung zu sprechen ist."	(Siebert 2019, S. 25)
		„Doch trotz solcher Zwänge bleibt die Bildungsteilnahme letztlich der individuellen Entscheidung überlassen."	

Tabelle 3 Endgültiges Kategoriensystem (eigener Entwurf)

205

9.7 Kodierleitfaden

Kategorienbezeichnungen		Definitionen	Ankerbeispiele	Kodierregeln
OK1	Rahmen-bedingungen und Ressourcen	Äußere Gegebenheiten, sowie materielle und immaterielle Mittel, welche einen Einfluss auf das Lernen am Arbeitsplatz haben (z. B. technische Ausstattung, Lernkompetenz).		
UK1a	zeitliche Rahmen-bedingungen und Ressourcen	Zeit, welche pro Tag zum Lernen am Arbeitsplatz zur Verfügung steht.	„Also die Lernzeiten sind dann immer eher nach der Tour, weil während der Tour ist das nicht machbar, weil das ja sonst einfach zu lang auch wäre." (LO1: Z. 149-150) „Ohne Überstunden kommt man beim Lernen nicht raus. Also wenn wir lernen, dann nur mit Überstunden. Also im normalen Arbeitsablauf nicht möglich." (P01: Z. 747-749)	

Kategorienbezeichnungen	Definitionen	Ankerbeispiele	Kodierregeln
UK1b technische Rahmenbedingungen und Ressourcen	Alle digitalen Geräte und Anwendungen (z. B. Software), welche zum Lernen verwendet werden können. Dies beinhaltet bspw. auch eine stabile Internetverbindung.	„Wenn wir selber keine Möglichkeit haben für das E-Learning Zugang, dann wird uns hier natürlich der Arbeitsplatz zur Verfügung gestellt und dann können wir hier am... im Betrieb am Computer das machen." (P01; Z. 737-739)	Es sind auch die Geräte eingeschlossen, welche zurzeit ggfs. noch nicht zum Lernen verwendet werden, aber in Zukunft dafür eingesetzt werden könnten.
		„Okay, jetzt als nächstes bekommen wir ja Tablets, dann ist das alles einfacher, weil wir dann über SWING diese Module buchen und das von selber machen und die bieten das ja schon an. Also das ist dann auch digital." (P02; Z. 1109-1112)	

Kategorienbezeichnungen	Definitionen	Ankerbeispiele	Kodierregeln
UK1c fachliche und methodische Ressourcen	Experten-/ bzw. Fachwissen über spezielle Themen (z. B. Hygiene) und methodisches Wissen, über welches die Pflegenden verfügen.	„Also jeder hat ja so ein bisschen seine Steckenpferde, sage ich jetzt mal, wo... Also der eine macht lieber Wundversorgung, der andere lieber... was weiß ich... Körperpflege oder so irgendwas." (P02; Z. 1003-1006) „Also, digital bin ich nicht so der Held, aber...." (P02; Z. 1017)	Es wird lediglich spezielles Wissen (bspw. Thema Wundmanagement) berücksichtigt.
UK1d finanzielle Rahmenbedingungen und Ressourcen	Es stehen Gelder zur Verfügung, um lernförderliche Rahmenbedingungen zu schaffen (bspw. Kosten Internet).	„Bloß natürlich muss man auch bedenken, man muss es ein bisschen reduzieren, weil immer viele viele Fortbildungen. Das ist ja immer alles Fehlzeit. Das kostet ja richtig Geld. Eigentlich kostet es uns doppelt Geld, weil wir zahlen den Mitarbeiter mit der Fortbildung und ich brauche eine Vertretung, wenn sie das übernimmt, sonst geht das auch nicht." (P01; Z. 275-279)	

Kategorienbezeichnungen		Definitionen	Ankerbeispiele	Kodierregeln
			„Dann mache ich das oder bu- che das dazu und dann ist das in Ordnung. Dann bezahlt man das und gut ist." (L01; Z. 80-82)	
OK2	Anforderungen und erforderliche Kompetenzen	Anforderungen und Fähigkeiten, welche Pflegende im ambulan- ten Bereich betreffen.		
UK2a	Fach- und Methodenkompe- tenz	„Fachkompetenz umfasst Wis- sen und Fertigkeiten. ... Fähig- keit und Bereitschaft, Aufgaben- und Problemstellungen eigen- ständig, fachlich angemessen, methodengeleitet zu bearbeiten und das Ergebnis zu beurteilen" (DQR 2011, S. 8). „Methodenkompetenz bezeich- net die Fähigkeit, an Regeln ori- entiert zu handeln. Dazu gehört ... die reflektierte Auswahl und Entwicklung von Methoden" (DQR 2011, S. 9).	„Also freilich kann man einen Kollegen anrufen, aber in der Regel bist du alleine und musst im Moment entscheiden, was du jetzt für richtig hältst. Und da gehört schon auch eine große fachliche Kompetenz dazu und ein weites, breites Feld, wo man da abdecken muss." (P02; Z. 1000-1003)	Mind. eine der Kompetenzen muss in den Aussagen erkenn- bar sein.

Kategorienbezeichnungen	Definitionen	Ankerbeispiele	Kodierregeln
UK2b	personale und sozi-al-kommunikative Kompetenz	„Personale Kompetenz ... um-fasst Sozialkompetenz und Selbständigkeit. Sie bezeichnet die Fähigkeit und Bereitschaft, sich weiterzuentwickeln und das eigene Leben eigenständig und verantwortlich im jeweiligen so-zialen, kulturellen bzw. berufli-chen Kontext zu gestalten" (DQR 2011, S. 9). „Sozialkompetenz bezeichnet die Fähigkeit und Bereitschaft, ziel-orientiert mit anderen zusam-menzuarbeiten, ihre Interessen und sozialen Situationen zu er-fassen, sich mit ihnen rational und verantwortungsbewusst aus-einanderzusetzen und zu ver-ständigen sowie die Arbeits- und Lebenswelt mitzu-gestalten" (DQR 2011, S. 9).	„Dann, wie gesagt, eine mög-lichst aufgeräumte Persönlichkeit (lacht). Also man muss schon auch lernen... Also, dass sage ich jetzt, weil ich <Alter> bin... Wenn man das nicht lernt, abzu-schalten und auch Kraftquellen zu haben, zuhause, dann geht man da unter... Also, dass geht einfach nicht. Man muss das lernen, sich da abzugrenzen und auch mit diesen Sachen eben gut umzugehen. Also, so eine... Eigentlich eine Selbsthygiene zu machen, für die Seele. Das ist wichtig, sonst geht man, wahr-scheinlich, irgendwann kaputt." (P02; Z. 987-994)	Mind. eine der Kompetenzen muss in den Aussagen erkenn-bar sein.

210

Kategorienbezeichnungen	Definitionen	Ankerbeispiele	Kodierregeln
		„Eigentlich sollte das [Anmerk.: Team- und Kommunikationsfähigkeit] an erster Stelle stehen in unserem Beruf. Einfach, um auch sich kommunikativ auszutauschen. Um einfach auch gewisse Pflegeprozesse reibungsloser zu gestalten und auch einfach im Team miteinander gestalten." (P01; Z. 812-815)	

Kategorienbezeichnungen		Definitionen	Ankerbeispiele	Kodierregeln
UK2c	Flexibilität und Kreativität	Fähigkeit, sich den gegebenen Rahmenbedingungen (räumlich, zeitlich, Material ...) anzupassen und diese so gestalten, dass ein kompetentes, fachlich korrektes Handeln möglich wird.	„Die baulichen Sachen sind ja leider oft nicht so, wie man das jetzt im Krankenhaus hat. Das ist ja auch oft das Thema, wenn man jetzt Verbände wechselt oder so. Da sind die Schüler oft schockiert, mit was für einfachen Sachen wir da eben hantieren müssen, aber es ist halt nix an-deres da. Fertig. Also, dann kann ich keine sterile Unterlage überall ... Also, ich kann nicht aus einer Messi-Wohnung, sage ich jetzt mal, ein OP-Saal ma-chen. Das geht nicht. Also muss ich schauen, dass ich es mög-lichst sehr gut hinbekomme (lacht) in diesen Bedingungen, wie es halt ist." (P02; Z. 974-981)	

212

Kategorienbezeichnungen	Definitionen	Ankerbeispiele	Kodierregeln
UK2d Reflexionsfähigkeit	Fähigkeit, das eigene Handeln kritisch zu hinterfragen.	„Und manche haben aber auch eine schlechte Selbsteinschätzung. Also da würde ich mir schon wünschen, dass der ein oder andere seine eigenen Grenzen auch besser einzuschätzen lernt." (LO2; Z. 566-569)	
		„Den Anspruch habe ich auch, dass ich die Mitarbeiter ernst nehme. Und was ich an Vorschläge habe eben hinterfrage und mit dem, was ich im Kopf habe, abgleiche und dann was gemeinsam entwickeln. Dass er sich auch ernst genommen fühlt." (LO2; Z.626-629)	
OK3 Lernverhalten	Verhalten, welches die Personen aufzeigen, um neues Wissen, Fähig- und Fertigkeiten zu erwerben.		

Kategorienbezeichnungen		Definitionen	Ankerbeispiele	Kodierregeln
UK3a	Selbstorganisation	Die Aneignung von Lerninhalten liegt in der Verantwortung der Lernenden.	„Aber man muss trotzdem sich bei allen Sachen sicher sein, dass man das gut kann und muss da auch immer auf dem Laufenden bleiben. Also… Das ist zum Beispiel ein Anspruch an mich, dass ich täglich irgendwas Fachliches lese." (P02; Z. 1006-1009)	„Lerninhalte" meint hier die Aneignung von theoretischem Wissen, wie auch praktischen Fähig- und Fertigkeiten.
UK3b	Motivation	Beweggründe, weshalb die Lernenden sich neues Wissen aneignen wollen.	„Also ich habe auch schon Sachen anders gemacht, weil Schüler mir schon irgendwas gezeigt haben, wo ich gedacht habe, „Wow, das ist ja mal richtig gut". Also, da bin ich dann schon offen, dass ich dann mal denke „Ja, dass hast du jetzt <Jahre A> anders gemacht, aber das wäre so eigentlich besser"… ja…" (P02, Z. 1070-1074)	Es werden intrinsische wie auch extrinsische Motive berücksichtigt.

Kategorienbezeichnungen	Definitionen	Ankerbeispiele	Kodierregeln
UK3c	Lernblockaden	Gründe, weshalb die Aneignung von neuem Wissen, Fähig- und Fertigkeiten nicht stattfindet bzw. nicht stattfinden kann.	„Ja, und zwar liegt das einfach da dran, dass… Ich habe eine Lese-Rechtschreibschwäche. Und das ist mein Defizit. Und deshalb habe ich Hemmungen Weiterbildungen, Fortbildungen zu machen, weil einfach mein Verständnis in manchen Dingen einfach nicht so adäquat bei mir ankommt… Meine Synapsen spielen da einfach ein bisschen verrückt." (P01; Z. 687-691)	
OK4	Feedback und di-daktische Interaktion	Unmittelbare Rückmeldung auf Lernsequenzen und ein ... wechselseitige[s] Aufeinander-wirken von Akteuren" (Baumgartner 2014, S. 20–21) (Menschen, Software, …), welches dazu dient, den Lernprozess voranzubringen.		

215

Kategorienbezeichnungen	Definitionen	Ankerbeispiele	Kodierregeln
UK4a Arten von Feedback und didaktischer Interaktion	- Möglichkeiten und Methoden der Rückmeldung in Bezug auf den Lernprozess. - Methoden, welche den wechselseitigen Austausch zwischen Lernenden und anderen Lernenden, Software, ... fördern, zugunsten des Lernprozesses.	„Man hat am Schluss, um überhaupt das Zertifikat zu bekommen, so einen Test bestehen müssen. Das war die einzige Rückmeldung. Aber ich hätte jetzt nicht... Ich glaube, man hätte auch interaktiv jemanden fragen können... Müsste ich jetzt aber echt schummeln. Das weiß ich nicht." (P02; Z. 1158-1161)	Jegliche Formen von Rückmeldung und Interaktionen werden gezählt (mündlich, schriftlich, Multiple-Choice ...).
UK4b Gründe für Feedback	Anlass, weshalb eine Person eine Rückmeldung für ihre Lernleistung erhält oder erhalten möchte.	„Das gibt mir auch eine gewisse Sicherheit, zu wissen, „ah ja, der ist da... Der wiederholt das so lange, bis er durchkommt". Und dann ist auch eine gewisse Aktivität ja gefordert vom... von demjenigen, der das macht. Und das finde ich eigentlich klasse." (P02; Z. 655-658)	

Kategorienbezeichnungen		Definitionen	Ankerbeispiele	Kodierregeln
OK5	Lerninhalte	Theoretisches und praktisches Wissen, welches sich die Lernenden aneignen (bspw. Wundversorgung).	„Den größten Stellenwert sind eigentlich diese ganzen Expertenstandards." (L01; Z. 176-177) „Demenz ist jetzt was, wo eigentlich auch sehr wichtig ist, weil das ist mittlerweile eine Hauptdiagnose und steht eigentlich schon an erster Stelle und mittlerweile leider auch bei Jüngeren und nicht nur bei Älteren." (P01; Z. 845-847)	Es werden nur die Themen berücksichtigt, welche sich auf das Arbeitsfeld der ambulanten Pflege beziehen.
OK6	Lernformate, -methoden und -materialien	Lernformate und -methoden unterstützen und optimieren den Lernprozess, indem Wissen didaktisch aufbereitet wird. Arbeitsmaterialien (z. B. Bücher oder Reader), welche die Lernenden bei der Aneignung von Wissen unterstützen.		

Kategorienbezeichnungen	Definitionen	Ankerbeispiele	Kodierregeln
UK6a analoge Formate, Methoden und Lernmaterialien	Herkömmliche Form des Lehrens und Lernens; Lernformate, welche ohne digitale Medien, anhand von Materialien wie Büchern, Plakaten, Wissen vermitteln und in Präsenz stattfinden.	„Mir ist lieber ein Buch. Also, da kann ich mal was nachblättern und kann das Nachschauen und so weiter und so fort. Das habe ich in der Hand. *(lacht)* Das ist auch wichtig für mich." (P02; Z. 1017-1019) „Und das ist aber was, dass muss man einfach <u>üben</u> und wenn da jemand kommt und das nochmal zeigt und man das in Kleingruppen übt, ist einfach viel effizienter, wie wenn ich mir im Internet zum hundertsten Mal anschaue, wie ein Pütterverband geht." (P02; Z. 1168-1171)	Es werden sämtliche Arten von Lernformaten und -methoden. sowie alle Formen von Lernmaterialien berücksichtigt, welche analog Verwendung finden (können).

Kategorienbezeichnungen	Definitionen	Ankerbeispiele	Kodierregeln
UK6b digitale Formate, Methoden und Lernmaterialien	Formate und Anwendungen, welche zur Wissensvermittlung und -aneignung, digitale Medien (wie E-Learning, Apps, Online-Lernplattformen) verwenden.	„Wir sind da jetzt mittlerweile auf dem (Standpunkt? #00:03:51#), dass wir am Computer einfach über bestimmte Lernportale dann Weiterbildungen oder Fort-bildungen oder solche Sachen umsetzen." (P01; Z. 727-729)	Es werden sämtliche Arten von Lernformaten und -methoden, sowie alle Formen von Lernma-terialien berücksichtigt, welche digital Verwendung finden (kön-nen).
		„Okay, jetzt als nächstes be-kommen wir ja Tablets, dann ist das alles einfacher, weil wir dann über SWING diese Module bu-chen und das von selber ma-chen und die bieten das ja schon an. Also das ist dann auch digi-tal." (P02; Z. 1109-1112)	
OK7 Fort- und Weiter-bildungen	Dienen der Erweiterung der be-ruflichen Kenntnisse, Fähig- und Fertigkeiten und damit verbun-denen Qualifikationen.		

219

Kategorienbezeichnungen	Definitionen	Ankerbeispiele	Kodierregeln
UK7a Verpflichtungen in Bezug auf Fort- und Weiterbildung	Feste Vorgaben in Bezug auf Fort- und Weiterbildungen, welche bspw. durch den Gesetzgeber, den Arbeitgeber, vorgegeben werden.	„Ja, also es gibt in der Tat Fortbildungen, die verpflichtend sind, weil auch wir werden vom Medizinischen Dienst der Krankenkassen überprüft, wobei für jeden Mitarbeiter, egal in welchem Bereich, in welcher Sparte, die Pflichtfortbildung ,Erste Hilfe' ist und die Pflichtfortbildung ,Hygiene'." (L01; Z. 48-51)	
UK7b Freiwillige Fort- und Weiterbildungen	Fort- und Weiterbildungen, an welchen die Lernenden aus eigenem Willen teilnehmen (können).	„Also, wenn man da irgendeinen Wunsch hat, dass man eine Fortbildung braucht zu irgendwas, dann bekommt man das auf alle Fälle." (P02; Z. 1092-1094)	

Tabelle 4 Kodierleitfaden (eigener Entwurf)

9.8 Bestimmung und Interpretation der Interrater-Reliabilität mithilfe von Cohens Kappa

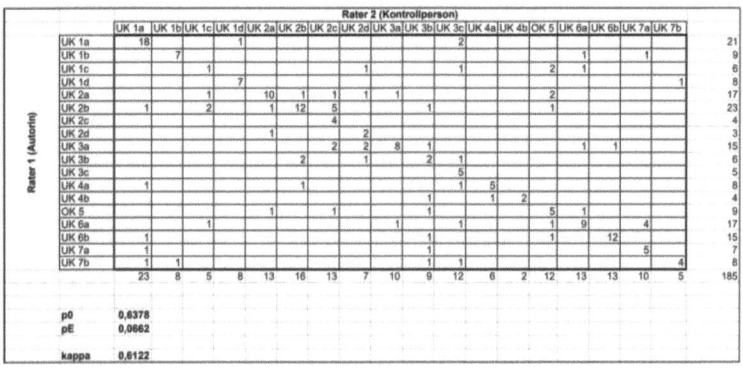

Abb. 1 Bestimmung der Interrater-Reliabilität mithilfe von Cohens Kappa (eigene Darstellung)

Formel zur Bestimmung von Cohens Kappa

Cohens Kappa κ zur Bestimmung der InterraterReliabilität aus der in Abb. 7 gezeigten Kategorie-Matrix

$$K = \begin{bmatrix} k_{11} & \cdots & k_{1z} \\ \vdots & \ddots & \vdots \\ k_{z1} & \cdots & k_{zz} \end{bmatrix}, \text{ mit der Anzahl an Kategorien } z, \text{ wird}$$

bestimmt zu

$$\kappa = \frac{p_0 - p_e}{1 - p_e},$$

wobei p_0 der Übereinstimmungswert der Autorin und der Kontrollperson und p_e der zufällige Übereinstimmungswert ist (Landis & Koch 1977, 163 ff.).

Der Übereinstimmungswert der Autorin und der Kontroll-person p_0 ergibt sich aus der Summe der Mitteldiagona-len k_{ii} mit $i = 1..z$, geteilt durch die Anzahl an bewerteten Textstellen N

$$p_0 = \frac{\sum_{i=1}^{z} k_{ii}}{N}.$$

Der zufällige Übereinstimmungswert p_e ergibt sich aus den Produkten der Randsummen $k_{.i}$ und $k_{i.}$, geteilt durch das Quadrat der Anzahl der bewerteten Textstellen N

$$p_e = \frac{\sum_{i=1}^{z} k_{.i} k_{i.}}{N^2}.$$

9.9 Statistik für Subcodes (MAXQDA)

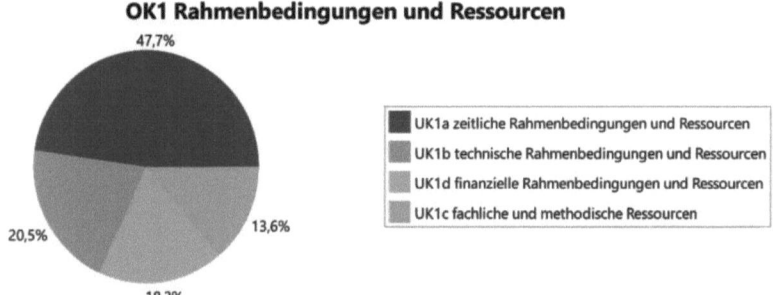

OK1 Rahmenbedingungen und Ressourcen

- UK1a zeitliche Rahmenbedingungen und Ressourcen
- UK1b technische Rahmenbedingungen und Ressourcen
- UK1d finanzielle Rahmenbedingungen und Ressourcen
- UK1c fachliche und methodische Ressourcen

47,7%
20,5%
13,6%
18,2%

Abb. 2 Prozentuale Verteilung der codierten Fragmente der Oberkate-gorie 1 Rahmenbedingungen und Ressourcen (Darstellung mithilfe von MAXQDA (Version 20.4.1))

9.10 Konzeptentwurf zur Implementierung von Microlearning in der ambulanten Pflege

Abstract

Der vorliegende Konzeptentwurf richtet sich an ambulante Pflegedienste. Er befasst sich mit dem Problem, dass die Pflegepersonen im ambulanten Bereich häufig wenig Zeit für eine kontinuierliche Fort- und Weiterbildung im Rahmen des lebenslangen Lernens haben.

Eine Möglichkeit, die Kompetenzen der Mitarbeitenden trotz Zeitmangel zu fördern und Wissen, Fähig- und Fertigkeiten auf dem aktuellen wissenschaftlichen Stand zu halten, um eine qualitative hochwertige, kompetente Pflege zu gewährleisten, ist die Implementierung von Microlearning im Rahmen der betrieblichen Weiterbildung.

Dieser Konzeptentwurf schildert, wie eine Implementation vom Lernformat Microlearning in der ambulanten Pflege gelingen kann und welche Umsetzungsmöglichkeiten es hierbei gibt.

Ausgangslage

Durch die Zunahme chronischer und multimorbider Krankheitsverläufe und infolge des demografischen Wandels steigen die Anforderungen an Pflegepersonen im ambulanten Bereich.

Aufgrund der zunehmenden Komplexität und neuer pflegewissenschaftlicher Erkenntnisse reicht das Wissen, welches in der Ausbildung erworben wurde, nicht für das ganze Berufsleben aus. Der notwendigen lebenslangen Wissensanpassung und -erweiterung, um die ambulanten Pflegedienste als „… selbstständig wirtschaftende Einrichtungen…" (SGB XI §71 Abs. 1) wettbewerbsfähig zu halten, stehen die knappen personellen Ressourcen und der u. a. daraus resultierende Zeitmangel gegenüber.

Dennoch muss den Qualitätsanforderungen vom bspw. Medizinischen Dienst der Krankenkassen (MDK) und nicht zuletzt denen der zu pflegenden Menschen und deren Bezugspersonen nachgekommen werden. Fort- und Weiterbildung nehmen somit einen hohen Stellenwert in der ambulanten Pflege ein.

Doch selbst wenn die Pflegenden Zeit finden, um an entsprechenden Maßnahmen zu partizipieren, muss durch Wiederholung sichergestellt werden, dass das neu erlernte Wissen nicht in Vergessenheit gerät.

Das Lernformat Microlearning ermöglicht eine Wissensspeicherung im Langzeitgedächtnis durch Wiederholung von bereits Erlerntem und zeichnet sich zusätzlich durch eine große Flexibilität aus, indem Lernen orts- und zeitunabhängig stattfinden kann.

Zudem werden die knappen zeitlichen Ressourcen berücksichtigt, indem die Einheiten auf Zeitspannen von 3 bis 15 Minuten ausgelegt sind.

Microlearning-Content lässt sich, inhaltlich wie auch methodisch, zielgruppenorientiert aufbereiten und bietet eine Vielzahl von Anwendungsmöglichkeiten, analog, wie digital.

Durch die genannten Vorteile stellt Microlearning eine optimale Ergänzung zu bereits bestehenden Lernformen, wie Blended Learning, als bspw. arbeitszeit- oder arbeitsprozessintegriertes Format, dar.

Zielsetzung

Ziel des Vorhabens ist es, das Lernformat Microlearning im ambulanten Pflegedienst XY in die Arbeitszeit[18] zu integrieren. Hierfür sollen bis zum Datum XY mindestens acht verschiedene Themen, vier in analoger und vier in digitaler Form, unter Einbezug der Lernenden, aufbereitet worden sein.

Der erarbeitete Content hat anschließend den Lernenden über den Zeitraum XY zur Verfügung zu stehen.

---

[18] Perspektivisch ist ein arbeitsprozessintegriertes Microlearning anzustreben. Dieses erfordert, durch bspw. Learning on demand, hohe selbstorganisatorische Fähigkeiten, welche es, mit Blick auf die Zielgruppe, schrittweise anzubahnen gilt.

Die Inhalte haben im 14-tägigem Intervall zu wechseln und es sollen jeweils vier verschiedene Inhalte (, zwei analoge und zwei digitale,) zur Verfügung gestellt werden. Die analogen Inhalte sollen an zwei häufig besuchten Örtlichkeiten[19] einsehbar sein; die digitalen Inhalte über alle verfügbaren mobilen Endgeräte abrufbar.

Die Erstellung von Content und die Anwendung von Microlearning soll von Bildungsexperten/-innen begleitet werden und Ansprechpartner/-innen bei technischen Fragen zur Verfügung stehen.

Umsetzung/ Aktivität

Phase 1 Kennenlernen & Vorklärung	▪ Kennenlernen - Unternehmenskultur? - Verantwortlichkeiten? - ... ▪ Auftragsklärung - Entwicklung einer Vision - Festlegung der Zielgruppe - ...
Phase 2 Ist-Soll-Analyse	▪ Ist-Soll-Analyse Weiterbildungs- bedarf - Erhebung und Auswertung des Anforderungs- und Bildungsbe- darfs der Zielgruppe

---

[19] Geeignete Orte werden im Vorfeld ermittelt (siehe Tabelle 5, Phase 2)

	- Ist-Stand der angewendeten Lernmethoden und -formate im Unternehmen (z. B. Blended Learning? E-Learning?) - Ermittlung Soll-Stand Weiterbildung - Ermittlung von Weiterbildungswünschen und Erwartungen der Zielgruppe • Klärung von Rahmenbedingungen und Ressourcen (z. B. finanziell, räumlich, methodisch, technisch, zeitlich, personell)
Phase 3 Zielformulierung & Meilensteinplanung	• Formulierung konkreter Ziele (SMART[22]) • Meilensteinplanung für die Implementierung (Beispiel in Tabelle 6)
Phase 4 Implementierung & Evaluation	• Implementierung von Microlearning unter Berücksichtigung der Meilensteinplanung • Kontinuierliche Evaluation und bei Bedarf Anpassung der Planung und Maßnahmen

Tabelle 5 Beispiel für die Phasen der Umsetzung/ Aktivität (eigene Darstellung)

Beispiel für eine Meilensteinplanung zur Implementierung von Microlearning in einem ambulanten Pflegedienst

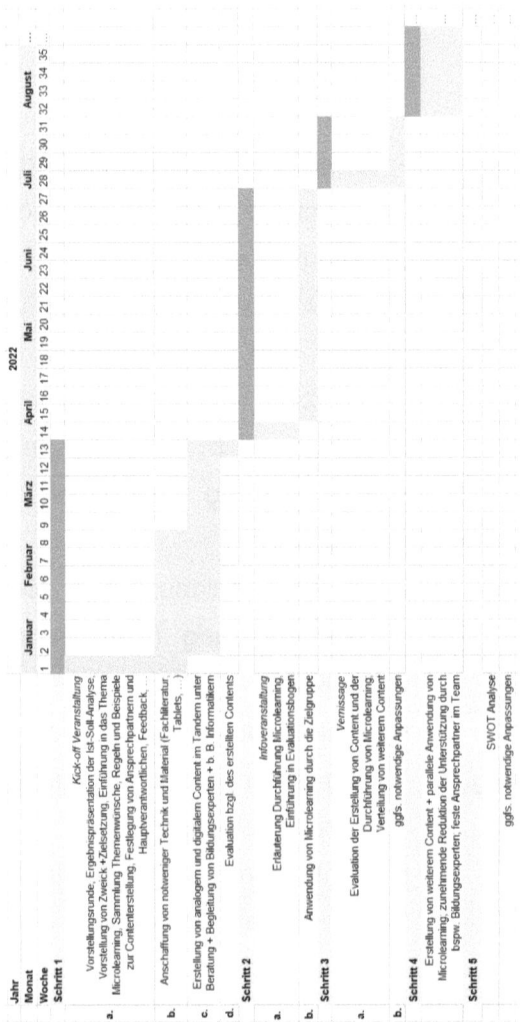

Tabelle 6 Beispiel für eine Meilensteinplanung zur Implementierung von Microlearning in einem ambulanten Pflegedienst (eigener Entwurf)

**Beschreibung der einzelnen Schritte der Implementie-
rung (siehe Tabelle 6)**

Schritt 1

a.

Im ersten Schritt der Implementierung findet für alle Beteiligten eine Kick-off Veranstaltung statt.

Da Microlearning ein hohes Maß an Selbstorganisation,
Eigenverantwortung und Motivation der Lernenden voraussetzt, ist es wichtig, diese, im Sinne der aktiven Teil-
habe und Adhärenz, von Beginn an in den Prozess zu
involvieren. Aus diesem Grund wurden die Lernenden
bereits bei der Ermittlung der Bildungsbedarfe nach ihren
Weiterbildungswünschen und Erwartungen befragt.

Die Kick-off Veranstaltung dient neben dem Kennenlernen dazu, die Ergebnisse aus der Ist-Soll-Analyse und
das Lernformat Microlearning zu präsentieren.

Die eruierten Bildungsbedarfe und -wünsche und der Ist-
Soll-Abgleich werden mithilfe eines Präsentationstools (z.
B. PowerPoint) vorgestellt. Die Anrechnung von Micro-
learning als Fortbildungszeit wird transparent gemacht.
Anschließend werden, zusammen mit den Lernenden,
Ziele formuliert und mit den bereits entworfenen Zielen
der Leitungsebene abgeglichen. Gemeinsam werden
Überschneidungen und Unterschiede herausgearbeitet,
besprochen und eine endgültige Zielsetzung, unter Be-
rücksichtigung der SMART-Formel[22], schriftlich fixiert.

Folgend wird den Lernenden demonstriert, was unter Microlearning verstanden und wie dieses eingesetzt wird. Zugleich wird verdeutlicht, welchen Nutzen die Anwendung haben kann.

Um einen möglichst konkreten Einblick zu gewähren, wird zur Vorstellung auf genau dieses Lernformat zurückgegriffen. So kommen bei der Präsentation kurze Erklärvideos, als Beispiel für digitale Formate, und Poster, als analoge Beispiele, zum Einsatz.

In Kleingruppen werden Themenwünsche erörtert, auf Moderationskarten festgehalten und anschließend, unter Moderation, an einer Wandzeitung veranschaulicht.

Die Themen werden gemeinsam mit den Lernenden nach Wichtigkeit gewichtet. Nachfolgend werden die acht Themen mit der höchsten Priorität auf verschiedene Tandems, zur Erarbeitung, verteilt. Hierbei wird darauf geachtet, dass fachliche Ressourcen genutzt werden (bspw. Thema Händedesinfektion wird von Hygienebeauftragten erstellt). Die Tandems sind verantwortlich für ihr jeweiliges Thema und fungieren als Ansprechpersonen z. B. bei Verständnisproblemen. Bei der Verteilung der Themen wird zudem festgelegt, welche Themen analog und welche digital erstellt werden.

Tabelle 7 veranschaulicht beispielhaft eine mögliche Umsetzung der Themen Diabetes mellitus, Erste Hilfe und Demenz.

Beispiele für Kernkategorien und deren Umsetzung als Microlearning-Format

Kernkategorien / Beispiele und Umsetzung	Diabetes mellitus				Erste Hilfe			Demenz	
Beispiele für Microlearning- Einheiten	Blutzucker-messung	s. c. Injektion	Symptome und Handeln bei Hyperglykämie	Symptome und Handeln bei Hypoglykämie	W-Fragen	Stabile Seitenlage	Reanimation	Arten von Demenz	Umgang mit Demenzerkrankten
Möglichkeiten der Umsetzung	Film	Film	Plakat	Plakat	Plakat	Film	Film	Plakat, Podcast	Podcast, Blog

Tabelle 7 Beispiele für Kernkategorien und deren Umsetzung als Microlearning-Format

Verfügbares Material, Medien, Recherchemöglichkeiten etc. werden in Form eines Handouts vorgestellt. Ideen für sonstige Anschaffungen werden an der Flipchart gesammelt.

Regeln zur Erstellung von Content werden gemeinsam mit den Lernenden formuliert, schriftlich fixiert und im Anschluss an die Veranstaltung als Handout gereicht. Diese stehen auch digital zur Verfügung.

Personen, welche bei konkreten Fragen, z. B. bei technischen oder methodischen Problemen, kontaktiert werden können und die Erstellung begleiten, werden vorgestellt; ebenso die Möglichkeiten zum digitalen sozialen Austausch.

Am Ende der Kick-off Veranstaltung folgt eine Feedbackrunde anhand einer Zielscheibe. Hierbei wird der Zeitplan, das soziale Miteinander und die Verständlichkeit der Inhalte bewertet. Außerdem werden die Lernenden gebeten, zu reflektieren, wie gut sie sich auf die Erstellung des Contents vorbereitet fühlen.

b.

Nachdem im Kick-off eruiert wurde, welche Materialen, Medien, Fachliteratur etc. als Ergänzung zur Erstellung und Anwendung von Microlearning notwendig sind, werden diese, nach Absprache mit den Verantwortlichen und unter Beachtung des finanziellen Aspektes, angeschafft.

c.

Steht das benötigte Material inkl. der technischen Infrastruktur zur Verfügung, beginnen die Tandems den ihnen zugeordneten Content aufzubereiten. Während der Erarbeitungsphase werden sie von Bildungsexperten unterstützt. Zudem stehen Ansprechpersonen, z. B. bei technischen Fragen, zur Verfügung. Gleichzeitig findet ein kontinuierlicher Austausch der einzelnen Tandems untereinander, im Sinne eines Social Learning, statt. Dieser erfolgt mittels einer Lernplattform (z. B. BigBlueButton[20]).

d.

In diesem Schritt erfolgt die Evaluation der Lernenden über bspw. Herausforderungen bei der Erstellung des Contents. Hierfür haben die Tandems, welche Lerninhalte

---

[20] Bei BigBlueButton handelt es sich um ein Open-Source-Webkonferenzsystem. „BigBlueButton is a global teaching platform. It was developed in a school, ... Making it the only virtual classroom built from the ground up, just for teachers" (BigBlueButton 2021, o. S.).

aufbereitet haben, eine Woche lang Zeit, online, anhand einer digitalen Pinnwand[21], ihre Gedanken, Verbesserungsvorschläge etc. zu teilen. Die Ergebnisse werden gesammelt und in der folgenden Infoveranstaltung vorgestellt.

Schritt 2

a.

Wurde der Content von den Tandems erstellt findet eine Informationsveranstaltung mit allen Lernenden statt. In dieser Veranstaltung geht es darum, den Lernenden die Anwendung von Microlearning nochmals zu verdeutlichen. Hierfür wird ein analoges und ein digitales Thema exemplarisch vorgestellt. Im Rahmen dieser Veranstaltung können Unklarheiten geklärt werden. Außerdem haben die Lernenden, welche bereits Content erstellt haben, die Möglichkeit, ihre Erfahrungen weiterzugeben.

Änderungen, bspw. bzgl. der Regeln zur Erstellung von Content, welche sich aus der Evaluation in Schritt 1d ergeben haben, werden kommuniziert.

Während der anschließenden Erprobungsphase von Microlearning sollen die Lernenden die Anwendung kontinuierlich evaluieren. Die Infoveranstaltung wird dazu genutzt, einen entsprechenden Evaluationsbogen vorzustel-

---

[21] Als „… digitale Pinnwand, auf der Texte, Bilder, Videos, Links, Sprachaufnahmen, Bildschirmaufnahmen und Zeichnungen abgelegt werden können" (Simon 2021, o. S.) dient bspw. die Software Padlet.

len. Dieser wird analog, sowie digital zur Verfügung gestellt. Die Lernenden können hierbei angeben, welchen Content sie bereits erarbeitet haben und bewerten, wie hilfreich die Lerninhalte waren. Zudem wird abgefragt, wieviel Zeit die Microlearning-Einheit in Anspruch genommen hat, welche Fragen offengeblieben sind und welche Verbesserungsvorschläge es gibt.

b.

Nach der Informationsveranstaltung erfolgt die Erprobung von Microlearning durch die Lernenden für ca. 13 Wochen. Es stehen jeweils zwei analog und zwei digital aufbereitete Lerninhalte zur Verfügung. Die Themen wechseln im 14- tägigem Intervall. Für das Abhängen der alten und Anbringen der neuen Poster wird intern eine Person gewählt, welche hierfür verantwortlich ist. Die Poster werden alle gemeinsam an einem Ort, welcher dieser Person zugänglich ist, gelagert. Da der Content immer wieder aktualisiert und überarbeitet werden muss, ist es wichtig, dass grundsätzlich alle Betroffenen Zugang zu den Materialien haben.

Eine Überarbeitung und Anpassung der Inhalte erfolgt bei Bedarf (z. B. bei Aktualisierung einer Leitlinie); spätestens jedoch alle sechs Monate.

Schritt 3

a.

Nach der Erprobungsphase findet ein Austausch mit allen Lernenden statt. Als Grundlage dienen die Evaluationsbögen, welche eingesammelt und ausgewertet werden. Hier gilt es, in Form einer wiederholten Bedarfsanalyse, zu eruieren, inwiefern sich die Anforderungen und Wünsche der Lernenden verändert haben. Die Ergebnisse werden im Rahmen einer Vernissage präsentiert. Bei Unklarheiten können Klebezettel mit Fragezeichen oder, um Aussagen zu unterstützen mit Ausrufezeichen, an die einzelnen Plakate angebracht werden. Diese werden im Anschluss im Plenum besprochen.

Gleichzeitig dient dieses Treffen dazu, weiteren Content zur Erstellung auf die Lernenden zu verteilen und das weitere Vorgehen zu besprechen.

b.

Die Verbesserungsvorschläge, welche im Rahmen der Vernissage besprochen wurden, werden von den verantwortlichen Tandems umgesetzt. Änderungen, welche die Rahmenbedingungen betreffen, werden mit den Verantwortlichen abgeklärt und wenn möglich vorgenommen.

Schritt 4

Nun wird weiterer Content von den Tandems erstellt und das Microlearning weiter fortgesetzt. Ansprechpartner/-

innen stehen weiterhin zur Verfügung, ziehen sich aber im Laufe der Zeit immer weiter zurück.

Evaluationen finden alle sechs Monate, bspw. im Rahmen von Teamsitzungen statt. Um Verschiebungen und einer geringen Zahl an Teilnehmenden entgegenzuwirken, ist hierbei eine frühzeitige Terminplanung und die Kommunikation der Verbindlichkeit notwendig.

Bewertung

Nach Zeit XY wird eine SWOT Analyse durchgeführt, um den Nutzen der Implementierung von Microlearning im ambulanten Pflegedienst XY zu eruieren, mögliche Schwächen offen zu legen und wenn möglich zu beheben.

Mögliche Fragen, welche hierbei zu stellen sind:

Stärken

- Wie beurteilen die Lernenden den subjektiven Nutzen von Microlearning?
- Was gefällt den Lernenden am Lernformat Microlearning?

Schwächen

- Weshalb wurde Microlearning von den Lernenden bislang wenig genutzt (, wenn dies der Fall war)?

- Was fiel bei der Erstellung von Content und/ oder bei der Anwendung von Microlearning schwer?

Chancen

- Inwieweit kann Microlearning im Unternehmen noch weiter ausgebaut werden?
- Inwieweit kommt die Vernetzung, hinsichtlich des Microlearning, mit anderen ambulanten Pflegediensten infrage?

Risiken

- Welche Gründe gibt es aus Sicht der Lernenden, Microlearning-Angebote nicht zu nutzen?

Evaluation und Dokumentation

Die einzelnen Schritte der Maßnahmen werden kontinuierlich dokumentiert. Eine Evaluation findet nach jeder Phase statt. Hierbei wird das bisherige Vorgehen kritisch reflektiert und die Planung, wie auch die Maßnahmen, bei Bedarf angepasst.

Nach Phase 1 (Kennenlernen & Vorklärung) wird bspw. evaluiert, ob die bestehende Unternehmenskultur und die Vorstellungen und Wünsche seitens der Geschäftsführung zu den Möglichkeiten von Microlearning passen. Dies gilt auch für die Erwartungen und Wünsche der Zielgruppe. Ist dies gegeben, wird Phase 2 eingeleitet.

Die Evaluation nach der Ist-Soll-Analyse (Phase 2) ist notwendig, um zu überprüfen, ob das Lernformat Microlearning den bestehenden Bildungsbedarfen und -wünschen gerecht werden kann oder ob ggfs. weitere Maßnahmen ergriffen werden müssen. Gleichzeitig müssen die bestehenden Rahmenbedingungen untersucht und kritisch auf die Passung zur Umsetzung von Microlearning betrachtet werden.

In Phase 3 werden die Ziele und Meilensteine formuliert und tw. festgelegt. Diese gilt es im Anschluss auf bspw. ihre Erreichbarkeit hin zu überprüfen. Aus diesem Grund sollten die Ziele auch anhand der SMART-Formel[22] formuliert werden.

Erscheinen die Ziele und die Meilensteinplanung realistisch und erreichbar, wird mit Phase 4, der Implementation und Umsetzung der Maßnahmen, fortgefahren.

Die einzelnen Schritte der Implementation werden, wie alle Phasen zuvor, kontinuierlich dokumentiert und evaluiert.

Es ist bspw. eine Evaluation am Ende von Schritt 1 (siehe Tabelle 6) geplant, in welcher die Lernenden die Aufgaben haben, zu reflektieren, welche Herausforderungen es bei der Erstellung des Contents gab und welche Hilfestel-

---

[22] Die SMART-Formel besagt, dass die Ziele spezifisch, messbar, attraktiv, realistisch und terminiert formuliert sein sollen (Watzka 2016, S. 58).

lungen sie diesbezüglich in Zukunft benötigen.

In Anschluss an Schritt 2 erfolgt im dritten Schritt eine Vernissage, in welcher die Evaluation der Erstellung des Contents nochmals thematisiert wird. Zudem findet eine kritische Betrachtung der Anwendung von Microlearning sowie eine erneute Betrachtung der Bildungsbedarfe und Weiterbildungswünsche statt.

Ziel der Implementierung, welches in Schritt 4 angebahnt wird, ist, dass kontinuierlich neuer Content durch die Lernenden erstellt bzw. bestehende Inhalte angepasst und aktualisiert werden. Gleichzeitig soll Microlearning aktiv von den Lernenden genutzt werden.

Zur Umsetzung des Konzeptes bedarf es einer fachlichen (Experten-) Begleitung im Sinne eines Projektmanagements. Dennoch gilt es in allen Schritten sowohl die Perspektive der Leitenden/ der Institution als auch die Perspektive der Anwendenden zu berücksichtigen.

Zudem ist auch nach der Implementierung eine Evaluation über bspw. den Nutzen von Microlearning notwendig, da sich die Bildungsbedarfe im Laufe der Zeit ändern. Diese kann bspw. im Rahmen von Teamsitzungen, alle sechs Monate, stattfinden.

Die Reihe „Pädagogische Praxisimpulse" richtet sich an AutorInnen, die aus der Praxis und für die Praxis niedrigschwellig ihre Erkenntnisse und Forschungsarbeiten darstellen und einer Leserschaft zur Verfügung stellen wollen. Für die LeserInnen soll damit die Möglichkeit geschaffen werden komplexe und theoretische Sachverhalte nachvollziehbar und für ihre Praxis anschlussfähig aufbereitet vorzufinden. Idealerweise beinhalten die Beiträge immer auch konkrete Umsetzungsvorschläge und Anwendungsbeispiele.